ANÁLISE DE INVESTIMENTOS E VIABILIDADE FINANCEIRA DAS EMPRESAS

RODRIGO CAMLOFFSKI

ANÁLISE DE INVESTIMENTOS E VIABILIDADE FINANCEIRA DAS EMPRESAS

SÃO PAULO
EDITORA ATLAS S.A. – 2014

© 2013 by Editora Atlas S.A.

1. ed. 2014 (2 impressões)

Capa: Zenário A. de Oliveira
Composição: Formato Serviços de Editoração Ltda.

Dados Internacionais de Catalogação na Publicação (CIP)
(Câmara Brasileira do Livro, SP, Brasil)

Camloffski, Rodrigo
Análise de investimentos e viabilidade financeira das empresas / Rodrigo Camloffski. - - São Paulo: Atlas, 2014.

Bibliografia.
ISBN 978-85-224-8655-7
ISBN 978-85-224-8657-1 (PDF)

1. Administração de empresas 2. Decisões 3. Investimentos – Análise I. Título.

13-12390
CDD-658.152

Índice para catálogo sistemático:

1. Análise de investimentos : Viabilidade : Administração financeira   658.152

TODOS OS DIREITOS RESERVADOS – É proibida a reprodução total ou parcial, de qualquer forma ou por qualquer meio. A violação dos direitos de autor (Lei nº 9.610/98) é crime estabelecido pelo artigo 184 do Código Penal.

Depósito legal na Biblioteca Nacional conforme Lei nº 10.994, de 14 de dezembro de 2004.

Impresso no Brasil/*Printed in Brazil*

Editora Atlas S.A.
Rua Conselheiro Nébias, 1384
Campos Elísios
01203 904 São Paulo SP
011 3357 9144
atlas.com.br

Aos meus pais, Sérgio e Eunice, e meu irmão, Diego, minha base, meus princípios, meus valores.

A minha esposa Arilene e meus filhos, Gabriel e Felipe, meu presente, meu futuro, minha vida.

Sumário

Introdução, 1

1 Demonstrativos Financeiros, 3

2 Análise de DRE e Balanço Patrimonial, 19

3 Influência da Depreciação no Fluxo de Caixa, 50

4 Orçamento de Caixa, 58

5 Avaliação de Projetos de Investimento, 65

6 Cálculo do Ponto de Fisher, 102

Respostas dos exercícios, 114

Referências, 125

Introdução

Nos tempos atuais, com os mercados cada vez mais dinâmicos e os consumidores mais bem informados e, por consequência, mais exigentes, com opções crescentes de escolha e de consumo em função da globalização e, por consequência, do aumento da competição e da necessidade de inovações por parte das empresas, a pressão por respostas mais rápidas e adequadas tem aumentado no ambiente organizacional, exigindo maior eficácia no processo decisório.

Entretanto, uma resposta rápida, mas mal estruturada, pode comprometer toda a estratégia da organização, afetando sua sustentabilidade financeira. Diante desse cenário, a administração financeira ganha ainda maior importância, pois é essencial para a gestão da organização e fundamental como suporte à tomada de decisão e, portanto, matéria obrigatória no currículo de qualquer executivo.

Considerando esse contexto, o intuito da presente obra é oferecer um ferramental para empreendedores e gestores, com o objetivo de orientar suas decisões de investimento e financiamento, visto que, principalmente nas micro e pequenas empresas, muitas decisões ainda são tomadas por impulso. Além disso, visando contribuir para capacitar nossos futuros profissionais, a presente obra também trabalha, através da construção de pareceres sobre a viabilidade financeira de projetos e empreendimentos, a capacidade de síntese, interpretação e análise das informações contábeis e financeiras, essenciais para o acadêmico que busca se colocar num mercado com as características atuais.

Na primeira parte do livro, são abordados o Balanço Patrimonial e o Demonstrativo de Resultado do Exercício (DRE), permitindo ao leitor, com base na utilização de indicadores financeiros, tirar conclusões a respeito da saúde financeira da organização. Estreitando a relação entre a contabilidade empresarial e a administração financeira, também é abordada a gestão do fluxo de caixa, utilizando o método direto para sua construção e projeção. Como uma empresa também pode ser vista como um conjunto de projetos de investimento, na segunda parte da obra são apresentadas várias das ferramentas utilizadas para a análise específica de projetos, de forma a identificar aqueles que agregam valor ao negócio como um todo.

O primeiro capítulo demonstrará, sob a ótica financeira, os principais componentes dos demonstrativos contábeis já citados. Em seguida, passaremos a calcular os índices de liquidez, atividade, endividamento, rentabilidade e valor de mercado, os quais possibilitarão, através da compreensão e interpretação dos seus resultados, a construção de pareceres a respeito da saúde financeira das organizações. No terceiro capítulo, será tratada a distinção entre lucro e saldo de caixa, focando as despesas não desembolsáveis, como a depreciação, e seu impacto fiscal para aquelas tributadas com base no lucro real. A seguir, demonstraremos a operacionalização do orçamento de caixa através do método direto e, por fim, nos dois últimos capítulos, serão abordadas as principais técnicas disponíveis para a avaliação da viabilidade financeira de projetos de investimento, tais como o VPL, TIR, *payback*, ROIA e Ponto de Fisher. Ao final de cada capítulo, são propostos alguns exercícios para resolução, cujas respostas encontram-se ao final do livro.

1

Demonstrativos Financeiros

Nos tempos atuais, num mundo globalizado, com mercados mais dinâmicos e teleconectados, onde o capital já não tem mais fronteiras, as inovações tecnológicas são cada vez mais frequentes e a concorrência cada vez maior, não há mais espaço para investimentos malsucedidos, pois estes podem comprometer a saúde financeira, a imagem e a credibilidade das empresas, bem como a continuidade dos seus negócios.

Por isso, a análise da viabilidade financeira dos investimentos torna-se fator primordial para os gestores antes da alocação dos recursos financeiros. Em primeiro lugar, quando se fala em análise de viabilidade financeira, é necessário compreender quais os principais demonstrativos contábeis e financeiros utilizados por uma empresa, bem como saber como interpretá-los.

1.1 DEMONSTRATIVOS CONTÁBEIS

A seguir, serão abordados os dois principais demonstrativos contábeis empresariais, os quais podem fornecer diversas informações a respeito da saúde financeira das empresas e da viabilidade da implantação de projetos ou empreendimentos específicos.

1.1.1 Balanço Patrimonial

O Balanço Patrimonial apresenta uma "fotografia" da posição financeira da empresa em uma determinada data. Através desse demonstrativo, é possível verificar a origem e a aplicação dos recursos financeiros empresariais, evidenciados nas contas de investimento e financiamento. A seguir, demonstra-se a divisão do Balanço Patrimonial em função da liquidez das suas principais contas a pagar e a receber (Lei nº 11.638/2007):

Principais contas integrantes do Balanço Patrimonial

ATIVO	PASSIVO
Circulante – Caixa – Bancos – Contas a receber (títulos negociáveis) – Estoques	**Circulante** – Fornecedores – Impostos a pagar – Salários a pagar – Financiamentos
Não Circulante – Contas a receber (créditos vincendos no próximo exercício) – Depósitos judiciais – Máquinas e equipamentos – Veículos – Móveis e utensílios – Ativo imobilizado financeiro (participação acionária em outras empresas)	**Não Circulante** – Contas a pagar/financiamentos (ex.: arrendamentos financeiros) – Debêntures **Patrimônio Líquido** – Capital social – Reserva de lucros – Lucros ou prejuízos acumulados

Conforme descrito acima, o Balanço Patrimonial é ordenado de forma decrescente em razão da liquidez das suas contas, ou seja, o Ativo Circulante é mais líquido que o Ativo Não Circulante, assim como as obrigações do Passivo Circulante têm um vencimento inferior às obrigações do Passivo Não Circulante.

Antes de prosseguir a explanação a respeito da composição do Balanço Patrimonial, é necessário abordar o conceito de liquidez. Pois bem, o termo *liquidez* significa "dinheiro na mão", ou seja, obter o retorno do capital investido no menor prazo de tempo possível. Quando dizemos que um imóvel tem liquidez, é porque pode ser vendido num prazo razoavelmente curto e por um valor condizente com o seu preço de mercado. Quando dizemos que uma aplicação financeira tem liquidez, é porque não há prazo predeterminado para o resgate, podendo ser efetuado de acordo com a necessidade dos recursos aplicados. Quando dizemos que uma empresa tem liquidez, é porque tem dinheiro disponível ou capacidade de gerar recursos para honrar seus pagamentos e compromissos assumidos. Essa disponibilidade financeira é gerada, principalmente, por um bom índice de vendas e um prazo médio de recebimento condizente com o praticado no mercado, assuntos que serão tratados adiante.

Portanto, é nítido que as contas "Caixa" e "Bancos" possuem mais liquidez que "Máquinas e equipamentos". Na realidade, Ativo e Passivo Circulante são o coração da empresa, pois aí estão alocados os direitos e obrigações de curto prazo, ou seja, o capital de giro empresarial, que nada mais é do que o recurso financeiro que a empresa precisa para continuar operando no mercado, investindo em estoque e pagando seus colaboradores até o recebimento dos seus clientes. Para facilitar o entendimento, segue um maior detalhamento a respeito do Balanço Patrimonial:

- Ativo Circulante

Sabe-se que no Ativo do Balanço Patrimonial estão elencados os bens e direitos da empresa, ou seja, os seus investimentos; já no Passivo, encontram-se as obrigações, que indicam a origem dos recursos financeiros (financiamento). Portanto, no Ativo Circulante estão os bens e direitos com maior liquidez, que constituem os investimentos de curto prazo. Mas como determinar o que é curto, médio ou longo prazo? Normalmente, define-se curto prazo como aquelas contas com vencimento inferior a um ano e, portanto, aquelas com vencimento superior acabam sendo classificadas como de longo prazo. Este entendimento é correto?

Na verdade, sabe-se que não pode haver essa generalização, pois a relação curto × longo prazo está relacionada ao ciclo operacional da empresa que, na indústria, por exemplo, consiste no tempo necessário desde o ingresso da matéria-prima até o recebimento pela venda do produto final. Portanto, ao generalizar a relação curto × longo prazo, fixando como limite temporal o período de um ano, estaríamos incorrendo em alguns erros, como, por exemplo: utilizar o período de um ano para definir o que é curto prazo para a indústria naval ou aérea, sendo que o ciclo operacional nestes casos seria, muitas vezes, superior a este período, ou utilizar a mesma fração de tempo para definir o que é curto prazo para uma indústria calçadista, sendo que o ciclo operacional seria inferior a esse limite. Dessa forma, embora muitos gestores utilizem o limite temporal de um ano para separar contas de curto e longo prazo, o que se deve fazer é analisar o ciclo operacional, adequando a composição do ativo de acordo com as características de cada negócio ou setor de atividade.

Convém, então, detalhar o conceito e a interpretação de ciclo operacional. Conforme já mencionado, utilizando o cenário industrial como exemplo, ciclo operacional é o prazo existente desde o ingresso da matéria-prima até o recebimento da venda do produto acabado, ou seja, a sua composição envolve a idade média do estoque (IME) e o prazo médio de recebimento (PMR). Logo abaixo, segue a exemplificação deste conceito:

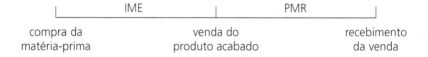

O tamanho do ciclo operacional irá determinar um maior ou menor investimento em giro (necessidade de capital de giro), pois quanto maior a idade média do estoque (IME), maior o custo de estocagem (armazenamento), e quanto maior o prazo médio de recebimento (PMR), maior o investimento necessário para "bancar" a produção enquanto o recurso financeiro não retorna ao caixa. Portanto, quanto maior o ciclo operacional, maior o investimento necessário em ativos circulantes, ou seja, em estoques e prazo médio de recebimento (PMR).

Superado este ponto, podemos voltar a abordar, detalhadamente, os bens e direitos de maior liquidez dentro do Balanço Patrimonial, ou seja, os ativos de curto prazo, os quais estão dispostos dentro do Ativo Circulante conforme a seguir:

> **ATIVO CIRCULANTE**
> – Caixa
> – Bancos
> – Contas a receber (títulos negociáveis)
> – Estoques

Dentro do próprio Ativo Circulante também é possível classificar as contas em ordem decrescente de liquidez. Fica claro que os ativos com maior liquidez dentro do Circulante são Caixa e Bancos (aplicações financeiras), pois o dinheiro já encontra-se disponível ao gestor. Depois, com menores graus de liquidez, encontram-se as contas a receber, ou títulos negociáveis e, por último, os estoques. As razões para que os estoques constituam o ativo com menor liquidez dentro do Circulante são: em primeiro lugar, incerteza quanto à venda dos produtos, pois dependem do aquecimento do mercado e estão sujeitos à lei da oferta × procura; em segundo lugar, mesmo que os estoques sejam vendidos conforme previsto, não representam, necessariamente, entradas efetivas de caixa para a empresa, visto que parte considerável dos produtos estocados deve ser vendida a prazo. Portanto, os estoques ainda irão se transformar em contas a receber para, depois, representarem entradas efetivas de caixa. Além disso, há que se considerar que muitos produtos estocados ainda estão em acabamento, ou seja, ainda não estão prontos para a comercialização.

No Passivo Circulante, encontramos as obrigações (dívidas) assumidas pela empresa e que devem ser honradas em curto prazo. Também se enquadram nele contas rotineiras da empresa, tais como salários, impostos a pagar e fornecedores. Nesse caso, também cabe uma importante consideração a respeito da conta fornecedores, pois esta irá impactar diretamente na determinação do prazo médio de pagamento (PMP) empresarial.

Em tese, as contas de curto prazo devem financiar os ativos de curto prazo, e as contas de longo prazo devem financiar os ativos de longo prazo. Portanto, o prazo, ou crédito, concedido à empresa pelos seus fornecedores pode financiar integral ou parcialmente o seu investimento em estoques e contas a receber, e a grande vantagem desse crédito é seu baixo custo financeiro (juros), pois depende da negociação entre a empresa e seus fornecedores. É claro que tal negociação depende de uma série de fatores, tais como concentração e competição de mercado, lei da oferta × procura, qualidade do produto e poder de negociação ou de "barganha".

O prazo médio de pagamento (PMP) também deve ser inserido no diagrama apresentado anteriormente para o ciclo operacional, conforme abaixo:

O prazo entre o pagamento da matéria-prima (saída efetiva de caixa) e o recebimento da venda (entrada efetiva de caixa) chama-se ciclo de conversão de caixa (CCC) ou ciclo financeiro. Quanto menor o CCC, ou maior o prazo médio de pagamento (PMP), menor é a necessidade de capital de giro, pois menor é o tempo entre a descapitalização da empresa e o retorno dos seus recursos ao caixa. Por outro lado, se a empresa não tem um prazo adequado para pagamento, necessitará de um maior investimento em giro, o qual poderá ser custeado através de capital próprio ou capital de terceiros, acarretando em custos financeiros maiores para a empresa, já que seus proprietários terão que se descapitalizar ou buscar recursos junto a instituições financeiras, pagando juros.

Portanto, o ciclo operacional e o ciclo de conversão de caixa dependem das contas que integram o Ativo e Passivo Circulante.

No Ativo Não Circulante estão os créditos de longo prazo, ou seja, aqueles com prazo de recebimento superior ao determinado para o Ativo Circulante, o imobilizado, os bens patrimoniais da empresa (sua estrutura física), os investimentos e o intangível. Os ativos permanentes ou imobilizados são aqueles com menor grau de liquidez, pois trata-se de imóveis, móveis, equipamentos, utensílios etc. Uma das contas que também podem integrar o Ativo Não Circulante é o Ativo Imobilizado Financeiro (investimentos), que representa participações acionárias da empresa em outras companhias de capital aberto.

No Passivo Não Circulante, encontram-se os contratos de arrendamento, os financiamentos bancários de longo prazo e os eventuais financiamentos com prazo de pagamento estendido junto a fornecedores.

O Patrimônio Líquido, por sua vez, representa o capital investido na empresa, bem como os direitos dos seus proprietários (ou acionistas, caso trate-se de uma Sociedade Anônima). Além do capital social inicialmente investido pelos sócios, o Patrimônio Líquido também contém, entre outras, a conta "Lucros ou Prejuízos Acumulados". É interessante notar que, ao mesmo tempo em que o Patrimônio Líquido representa direitos dos acionistas, também representa obrigações para a empresa, já que todo investidor, seja proprietário de uma empresa de capital fechado ou acionista de uma empresa de capital aberto, espera ter retorno com o seu investimento e, portanto, ao menos uma parcela do lucro costuma ser distribuída aos proprietários.

Ao mesmo tempo, é importante ressaltar que uma parcela do lucro deve ser reinvestida na própria empresa, com vistas à continuidade do negócio. Este é um dos problemas de algumas empresas de pequeno porte, principalmente as familiares, nas quais não é definido o pró-labore dos proprietários ou diretores, permitindo-se a utilização de grande parte do lucro empresarial, confundindo as finanças empresariais com as finanças pessoais. No caso das Sociedades Anônimas, este reinvestimento já ocorre com maior frequência, principalmente para as empresas que ainda estão em fase de crescimento, necessitando de um maior volume de recursos financeiros, com a intenção de ganhar mercado ou desenvolver novos produtos ou projetos.

A partir do momento em que compreendemos a composição do Balanço Patrimonial, podemos passar a abordá-lo de uma nova maneira. Conforme já mencionado, além de entender o Passivo como as obrigações assumidas por uma empresa, também podemos interpretá-lo como a origem dos recursos financeiros empresariais, ou seja, as fontes de financiamento disponíveis. O Ativo, por sua vez, além de representar os bens e direitos empresariais, também pode ser interpretado como o destino ou aplicação dos recursos financeiros.

ATIVO	PASSIVO
INVESTIMENTO (APLICAÇÃO DOS RECURSOS FINANCEIROS)	FINANCIAMENTO (ORIGEM DOS RECURSOS FINANCEIROS)

Os recursos alocados no Passivo, excluindo-se o Patrimônio Líquido, representam o capital de terceiros, ou seja, em regra, fornecedores e instituições financeiras. Por sua vez, os recursos alocados no Patrimônio Líquido representam o capital próprio investido na instituição, através dos sócios ou proprietários. Através dessa análise, é possível classificar as estruturas de capital empresariais, ou os Balanços Patrimoniais, de acordo com o seu grau de risco, conforme demonstrado abaixo:

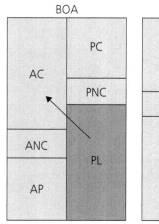
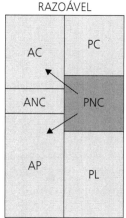
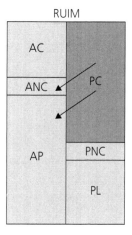

Estruturas de capital

AC = Ativo Circulante;
PC = Passivo Circulante;
ANC = Ativo Não Circulante;
PNC = Passivo Não Circulante;
AP = Ativo Permanente (Imobilizado, Investimentos e Intangíveis);
PL = Patrimônio Líquido.

Antes de abordar cada uma das estruturas patrimoniais retratadas nas figuras acima, é importante compreender o significado do termo *estrutura de capital*, que representa o volume de capital de terceiros e o volume de capital próprio que compõem o passivo do balanço patrimonial. A maioria das empresas trabalha com um volume de capital próprio superior ao volume de capital de terceiros, embora algumas utilizem o benefício da alavancagem financeira, ou seja, um maior volume de capital emprestado para realizar seus investimentos. Tal estratégia só será viável se o retorno obtido pelos investimentos for superior ao custo do capital emprestado (juros). Compreendido esse ponto, é possível explorar cada uma das estruturas destacadas acima:

- *Estrutura boa de capital*: através da primeira figura retratada, é possível perceber a principal característica de uma boa estrutura de capital, a qual oferta um baixo grau de risco aos investidores. O fato de o Patrimônio Líquido ser a maior conta do Passivo significa que há mais capital próprio do que capital de terceiros na estrutura patrimonial. O Ativo Não Circulante e, ainda, uma parcela do Ativo Circulante são financiados pelos fundos de longo prazo do Patrimônio Líquido, o que resulta em maior liquidez e maior folga financeira para empresas nessa situação. Essa folga financeira ocorre justamente em virtude da parcela do Ativo Circulante financiada por recursos de longo prazo, já que a empresa poderá trabalhar com esses recursos até o momento do vencimento das suas obrigações.
- *Estrutura razoável de capital*: na verdade, trata-se da estrutura patrimonial mais equilibrada. Nessa situação, as empresas já assumem um maior grau de risco, na medida em que aumentam o seu grau de alavancagem financeira, ou seja, a presença de capital de terceiros na sua estrutura patrimonial. Percebe-se, na segunda figura, que o Passivo Não Circulante, ou seja, as dívidas de longo prazo, financia as três contas do Ativo (uma parcela do Ativo Permanente, uma parcela do Ativo Circulante e todos os créditos de longo prazo – Ativo Não Circulante). Aqui, os investimentos de curto prazo não são mais financiados por recursos próprios, e sim por recursos de terceiros de longo prazo. Embora aumente o grau de risco, ainda há uma certa folga financeira (Ativo Circulante – Passivo Circulante > 0).
- *Estrutura ruim de capital*: trata-se da estrutura de capital com o maior grau de risco entre as três destacadas, já que apresenta

um volume maior de capital de terceiros (dívidas assumidas) em relação ao capital próprio existente (dinheiro investido pelos sócios). Se observarmos a terceira figura, veremos que a maior conta do Passivo refere-se ao Passivo Circulante, ou seja, obrigações de curto prazo. Isso quer dizer que a empresa apresenta um descompasso entre os seus prazos de recebimento e pagamento, na medida em que as dívidas de curto prazo financiam todo o Ativo Circulante, todos os créditos de longo prazo (Ativo Não Circulante) e, ainda, uma parcela do Ativo Permanente. Em virtude dessa situação, financiar investimentos de longo prazo com dívidas de curto prazo, a empresa necessitará estar renovando constantemente seus empréstimos, já que não possui liquidez. Uma empresa não sobrevive muito tempo a essa situação e, para reverter esse quadro, certamente terá de dispor do seu patrimônio.

Com os conceitos apresentados até o momento, já é possível ter uma ideia mais clara a respeito da composição e estrutura do Balanço Patrimonial, visões que serão fundamentais para a realização da Análise dos Demonstrativos Contábeis e Financeiros, assunto a ser abordado posteriormente. No decorrer deste livro, voltaremos várias vezes ao assunto Balanço Patrimonial, oportunidades nas quais trataremos das suas várias contas com maior grau de detalhamento.

1.1.2 Demonstrativo do Resultado do Exercício (DRE)

É através desse demonstrativo que se visualiza os resultados da empresa durante um determinado período de tempo, o qual pode ser mensal, trimestral, semestral ou anual. Na maioria dos casos, as empresas divulgam seus DREs com os resultados anuais, mas, no caso das Sociedades de Capital Aberto (S.A.), os resultados devem ser divulgados de três em três meses. Independentemente do período utilizado para a contabilização do resultado (lucro), o DRE é um instrumento que deve ser acompanhado constantemente pelo gestor financeiro.

A seguir, um modelo de DRE:

Lançamentos	Ano 1	Ano 2	Ano 3
Receita Operacional Bruta			
Venda de produtos (líquida do IPI)			
Venda de Mercadoria			
Venda de Serviços			
(–) Deduções da Receita Bruta			
ICMS			
ISS			
PIS – Faturamento			
COFINS			
(–) Vendas Canceladas			
(–) Abatimento sobre vendas			
= Receita Operacional Líquida			
(–) Custos Operacionais da Receita			
Custo Produto Vendido (fixo + variável)			
Custo Mercadoria Vendida (fixo + variável)			
Custo Serviço Vendido (fixo + variável)			
= Resultado Operacional Bruto			
(–) Despesas Operacionais			
(–) Despesas com vendas:			
Salários			
Comissões sobre Vendas			
Encargos Sociais (INSS/FGTS)			
PDD – Provisão para Devedores Duvidosos			
(–) Despesas Administrativas:			
Honorários da Diretoria			
Salários			
Encargos Sociais (INSS/FGTS)			
Serviços de Terceiros			
Material de Expediente			
Seguros			
Depreciação			
(+) Outras Receitas Operacionais:			
Reversão de Provisões Constituídas			
= Resultado Operacional Líquido (LAJUR)			
(–) Despesas Financeiras			
Juros Pagos			
Encargos sobre Empréstimos e Financiamentos			
(+) Outras Receitas Financeiras:			
Juros Recebidos			
Rendimentos de Aplicações Financeiras			
= Resultado antes do Imposto de Renda			
(–) Provisão para Imposto de Renda			
= Lucro/Prejuízo Líquido do Exercício			

Antes de iniciar as análises inerentes aos valores monetários registrados no DRE, é necessário compreender os itens de receitas e despesas mais importantes retratados na tabela anterior. Primeiramente, há de se distinguir duas claras divisões no Demonstrativo de Resultado do Exercício. Até o item Resultado Operacional Líquido (LAJUR), temos a parte operacional do DRE, que está relacionada às receitas e despesas resultantes do negócio principal da empresa, ou seja, a produção de bens, comercialização de mercadorias ou prestação de serviços. A partir do item Resultado Operacional Líquido (LAJUR), temos a parte financeira do DRE, na qual estão relacionadas as receitas e despesas financeiras. No próximo capítulo, cada uma das principais contas que compõem o DRE será analisada com maior grau de detalhamento.

É importante ressaltar que, na prática, pode haver variações em relação ao modelo de DRE apresentado, em virtude das particularidades financeiras ou operacionais de cada empresa ou setor de atividade, bem como do regime de tributação ao qual a empresa está sujeita. Também há que se destacar que, para Companhias de Capital Aberto, ocorrerão algumas modificações em relação ao modelo apresentado acima, conforme destacado a seguir.

DEMONSTRAÇÃO DO RESULTADO DO EXERCÍCIO – DRE – S/A

Lançamentos	Ano 1	Ano 2	Ano 3
Receita Operacional Bruta			
Venda de produtos (líquida do IPI)			
Venda de Mercadoria			
Venda de Serviços			
(–) Deduções da Receita Bruta			
ICMS			
ISS			
PIS – Faturamento			
COFINS			
(–) Vendas Canceladas			
(–) Abatimento sobre vendas			
= Receita Operacional Líquida			
(–) Custos Operacionais da Receita			
Custo Produto Vendido (fixo + variável)			
Custo Mercadoria Vendida (fixo + variável)			
Custo Serviço Vendido (fixo + variável)			
= Resultado Operacional Bruto			
(–) Despesas Operacionais			
(–) Despesas com vendas:			
Salários			
Comissões sobre Vendas			
Encargos Sociais (INSS/FGTS)			
PDD – Provisão para Devedores Duvidosos			
(–) Despesas Administrativas:			
Honorários da Diretoria			
Salários			
Encargos Sociais (INSS/FGTS)			
Serviços de Terceiros			
Material de Expediente			
Seguros			
Depreciação			
(+) Outras Receitas Operacionais:			
Reversão de Provisões Constituídas			
= Resultado Operacional Líquido (LAJUR)			
(–) Despesas Financeiras			
Juros Pagos			
Encargos sobre Empréstimos e Financiamentos			
(+) Outras Receitas Financeiras:			
Juros Recebidos			
Rendimentos de Aplicações Financeiras			
= Resultado antes do Imposto de Renda			
(–) Provisão para Imposto de Renda			
(=) Lucro Líquido depois do Imposto de Renda			
(–) Dividendos preferenciais			
= Lucro/Prejuízo Líquido do Exercício			

Se compararmos o DRE inicial, aplicável a empresas de capital fechado (Ltda.), ao segundo modelo apresentado, verificaremos que houve a inserção de duas linhas. Tal fato deve-se à obrigatoriedade de as S.A. distribuírem dividendos aos seus acionistas. Para compreendermos essa questão, primeiramente temos de entender quais tipos de ação podem ser adquiridos por investidores que têm interesse em aplicar seu dinheiro em empresas de capital aberto. São elas:

- Ações preferenciais (PN): tais ações não dão direito a voto, mas têm a preferência no recebimento. Portanto, os investidores que adquirem ações preferenciais (acionistas preferenciais) não participam das decisões da empresa, a não ser que tais decisões afetem diretamente a distribuição dos lucros. Por outro lado, terão a preferência na distribuição dos dividendos (parcela dos lucros distribuída aos acionistas).

- Ações ordinárias (ON): ações com direito a voto. Entre esses acionistas, encontram-se os sócios majoritários, ou seja, aqueles que realmente decidem os rumos da empresa.

O fato de os acionistas preferenciais terem prioridade no recebimento dos dividendos justifica-se em função do poder de decisão conferido aos acionistas ordinários, pois, como os acionistas preferenciais não interferem nas principais decisões empresariais, não podem ser integralmente responsabilizados pelas consequências destas estratégias, necessitando ter seus interesses resguardados. Por isso mesmo, neste segundo modelo de DRE, foi incluso o item "Dividendos Preferenciais" antes de se apurar o Lucro Líquido. Na verdade, o pagamento dos dividendos aos acionistas preferenciais é encarado como uma despesa pela empresa, pois caso os acionistas preferenciais não recebam seus dividendos por mais de três exercícios consecutivos, terão suas ações reclassificadas para ordinárias e, assim, passarão a ter poder de voto. Como isso não é interessante aos acionistas majoritários (ordinários), pois teriam seu poder de decisão reduzido, os dividendos preferenciais acabam sendo vistos como uma obrigação por parte da empresa.

E o que recebem os acionistas ordinários? Se houver lucro líquido após o pagamento dos dividendos preferenciais, esse valor poderá ser distribuído aos acionistas ordinários em forma de dividendos. É importante ressaltar que nem todo o lucro disponível será distribuído, pois uma parcela deve ser reinvestida na própria empresa, conforme já mencionado anteriormente. Em função dos acionistas ordinários assumirem uma parcela de risco superior aos acionistas preferenciais, pois recebem por último, as ações ordinárias (ON) costumam ser mais valorizadas no mercado, já que quanto maior o risco, maior o retorno.

Além do Balanço Patrimonial e do Demonstrativo de Resultado do Exercício (DRE), já abordados, existem outras demonstrações contábeis que também são utilizadas pelas empresas para fins de relatório, controle, análise e divulgação de resultados, tais como: Demonstração das Mutações do Patrimônio Líquido e Demonstração de Lucros e Prejuízos Acumulados. Nesta obra, serão utilizadas as duas demonstrações contábeis principais, ou seja, o Balanço Patrimonial e o DRE.

1.2 PERGUNTAS E PROBLEMAS PROPOSTOS PARA A FIXAÇÃO DOS CONCEITOS APRESENTADOS

1. O Ativo Circulante envolve as contas com maior grau de liquidez dentro do Ativo empresarial. Pois bem, dentro do próprio Ativo Circulante, também podemos ordenar as contas de acordo com seu grau de liquidez. Algumas delas são citadas abaixo:

    - disponível (Caixa, Bancos, Aplicações Financeiras);
    - estoques;
    - contas a receber (Títulos Negociáveis).

    Classifique-as de acordo com a ordem decrescente de liquidez e justifique sua resposta.

2. Sabe-se que, no Balanço Patrimonial, o valor do Ativo é igual ao do Passivo. Isso ocorre porque no Passivo estão contabilizadas as fontes (origens) dos recursos financeiros, os quais são integralmente destinados para as aplicações elencadas no Ativo. Assim, calcule o valor do Patrimônio Líquido de uma empresa que apresenta um Ativo Circulante de R$ 80.000,00, um Ativo Não Circulante de R$ 320.000,00, um Passivo Circulante de R$ 85.000,00 e um Passivo Não Circulante de R$ 150.000,00.

3. Uma determinada empresa, da área têxtil, tem um prazo médio de estocagem de 20 dias, mas concede aos seus clientes um prazo de 60 dias para efetuarem o pagamento. Baseando-se nos conceitos apresentados neste primeiro capítulo, determine qual o ciclo operacional dessa empresa. Se a empresa conseguisse reduzir seu prazo médio de recebimento (PMR), resultaria numa maior ou menor necessidade de investimento em giro? Justifique sua resposta.

4. Utilizando os mesmos dados do enunciado anterior, calcule o ciclo de conversão de caixa para a empresa (CCC), considerando um prazo médio de pagamento (PMP) de 35 dias. Com essa informação, verifique quantas vezes o caixa da empresa gira durante o ano.

5. Diferencie ações preferenciais de ações ordinárias.

2

Análise de DRE e Balanço Patrimonial

A partir deste capítulo, passaremos a analisar os dois demonstrativos contábeis apresentados até então, ou seja, o Balanço Patrimonial e o Demonstrativo de Resultado do Exercício (DRE). Para tanto, utilizaremos alguns índices financeiros, os quais irão fornecer informações aos gestores sobre a saúde financeira da empresa, bem como minimizar os riscos no processo de tomada de decisão.

Os índices financeiros podem ser divididos em cinco categorias: liquidez, atividade, endividamento, rentabilidade e valor de mercado. Os índices de liquidez, atividade e endividamento mensuram o grau de risco empresarial, considerando os recursos financeiros disponíveis para honrar os compromissos assumidos, a rotatividade das vendas, a gestão dos estoques e o volume de capital de terceiros presente na estrutura patrimonial. Os índices de valor de mercado representam a única categoria capaz de mensurar tanto risco como retorno. Abaixo, serão demonstrados o cálculo e a interpretação dos principais índices financeiros em cada uma das categorias mencionadas:

2.1 ÍNDICES DE LIQUIDEZ

Antes de apresentar os índices de liquidez que serão abordados nesta obra, é necessário resgatarmos o seu conceito, o qual foi apresentado no primeiro capítulo. Conforme já mencionado, liquidez significa "dinheiro na mão", ou seja, ter recursos suficientes em caixa para honrar os compromissos assumidos. Quanto mais rápido o retorno, maior a liquidez e, consequentemente, maior a credibilidade da empresa perante os credores e fornecedores. A seguir, serão abordados quatro índices de liquidez: ILG (índice de liquidez geral), ILC (índice de liquidez corrente), ILS (índice de liquidez seca) e ILI (índice de liquidez imediata).

- Índice de liquidez geral

Parece claro que, quanto maior o volume do Ativo (investimentos) em relação ao Passivo (financiamentos), melhor a situação financeira da empresa, pois ela possui mais bens e direitos do que obrigações com seus credores e fornecedores e, portanto, maior facilidade de pagamento.

Abaixo, a fórmula para o cálculo do ILG:

| Índice de Liquidez Geral = Ativo Total − Ativo Permanente / Passivo Exigível |

Entende-se como passivo exigível a somatória dos financiamentos onerosos, ou seja, o Passivo Circulante mais o Não Circulante, excluindo-se da análise o Patrimônio Líquido. Quanto maior esse resultado, melhor, pois maior será a capacidade de pagamento empresarial. Por exemplo, um ILG de 1,95 significa que, a cada R$ 1,00 devido, a empresa possui R$ 1,95 (disponível ou em créditos de curto ou longo prazo) para efetuar o pagamento.

- Índice de liquidez corrente

O cálculo do índice de liquidez corrente é efetuado através das informações constantes no Ativo e Passivo Circulantes, onde estão alocados os investimentos e financiamentos empresariais de curto prazo. Quanto maior o volume do Passivo Circulante, maior o nível de endividamento empresarial e, portanto, maior o grau de risco do negócio, principalmente porque se trata de dívidas de curto prazo.

Portanto, se a situação patrimonial da empresa apresentar a relação "Ativo Circulante − Passivo Circulante > zero", constata-se uma "folga financeira", já que os recursos investidos no Ativo Circulante (bens e direitos) não são integralmente custeados por recursos obtidos com financiamentos de curto prazo, o que elevaria demasiadamente o risco do negócio.

É importante ressaltar que o fato de o Ativo Circulante ser maior que o Passivo Circulante não significa, necessariamente, que a empresa possua recursos financeiros disponíveis de sobra. Na verdade, quer dizer que a empresa possui uma parcela de seus investimentos de curto prazo financiada por recursos de longo prazo, seja através de capital de terceiros (bancos, em sua maioria) ou de capital próprio (sócios ou proprietários). O surgimento dos recursos excedentes irá depender da gestão empresarial, pois, se bem administrada, a parcela dos investimentos de curto prazo custeada por financiamentos de longo prazo poderá gerar este retorno adicional à empresa.

Esta "folga financeira" (diferença entre o Ativo Circulante e o Passivo Circulante) é chamada de Capital Circulante Líquido (CCL). Quanto maior o CCL, em tese, melhor a saúde financeira empresarial e, consequentemente, menor o seu grau de risco. Tal situação é retratada através das figuras abaixo:

Ativo Circulante R$ 35.000,00	Passivo Circulante R$ 20.000,00
Ativo Não Circulante R$ 10.000,00	Passivo Não Circulante R$ 30.000,00
Ativo Permanente R$ 55.000,00	Patrimônio Líquido R$ 50.000,00

Situação 1

CCL = AC – PC

CCL = R$ 35.000,00 – R$ 20.000,00

CCL = R$ 15.000,00.

Comentários: percebe-se que, dos R$ 35.000,00 investidos no Ativo Circulante, R$ 20.000,00 são financiados por recursos de curto prazo. Os outros R$ 15.000,00 são financiados através do Passivo Não Circulante, ou seja, dívidas de médio e longo prazo. Nesse caso, podemos classificar a estrutura patrimonial acima como uma estrutura razoável de capital.

Se bem administrado, este CCL positivo ainda poderá gerar recursos adicionais à empresa até o momento da sua devolução aos credores.

Ativo Circulante R$ 70.000,00	Passivo Circulante R$ 110.000,00
Ativo Não Circulante R$ 20.000,00	Passivo Não Circulante R$ 40.000,00
Ativo Permanente R$ 110.000,00	Patrimônio Líquido R$ 50.000,00

Situação 2

CCL = AC – PC
CCL = R$ 70.000,00 – R$ 110.000,00
CCL = (R$ 40.000,00)

Comentários: neste caso, a situação inverte-se em relação ao exemplo anterior. Conforme pode ser observado, a empresa possui um CCL negativo, ou seja, uma parcela dos seus investimentos de longo prazo (R$ 40.000,00 do Ativo Permanente) é financiada por recursos de curto prazo, presentes no Passivo Circulante. Isso significa dizer que a empresa enquadra-se numa estrutura ruim de capital, aumentando consideravelmente o seu grau de risco, pois necessitará estar renovando constantemente seus empréstimos junto a credores e fornecedores para continuar operando e honrando seus compromissos.

Definido e exemplificado o conceito de CCL (Capital Circulante Líquido), pode-se, finalmente, abordar o cálculo da liquidez corrente. Deve-se dividir o valor do Ativo Circulante pelo valor do Passivo Circulante. Quanto maior esse resultado, maior deverá ser a "folga financeira" empresarial, ou seja, o seu CCL. Portanto, podemos dizer que se uma empresa possui um CCL positivo, necessariamente terá um ILC (índice de liquidez corrente) superior a um.

A seguir, a fórmula para o cálculo do ILC:

> **Índice de Liquidez Corrente = Ativo Circulante / Passivo Circulante**

Um ILC de 1,20, por exemplo, indica que a empresa possui recursos suficientes para honrar seus pagamentos no ano corrente, pois para cada R$ 1,00 devido, dispõe de R$ 1,20. Entretanto, um ILC de 0,80 indica que a empresa possui apenas R$ 0,80 em Ativos Circulantes (contas a receber, caixa, aplicações financeiras e estoques) para cada R$ 1,00 devido em curto prazo, ou seja, não tem liquidez.

- Índice de liquidez seca

Sabe-se que os estoques compõem o item com menor liquidez dentro do Ativo Circulante, já que ainda precisam ser convertidos em contas a receber e, posteriormente, em caixa. Ao considerar os estoques para o cálculo da liquidez, como ocorre com o ILC, presume-se que a empresa terá facilidade para vender seus produtos e, assim, honrar seus pagamentos. Entretanto, nem sempre é o que acontece, já que no estoque podem existir muitos produtos ainda em acabamento.

Sendo assim, para o cálculo do índice de liquidez seca (ILS) deve-se excluir o valor referente aos estoques para que se tenha um índice mais próximo da realidade empresarial. Portanto, um ILS superior a 1 indica que a empresa tem condições de honrar com os seus compromissos assumidos em curto prazo, sem precisar se desfazer dos produtos que ainda estão estocados. Abaixo, segue a fórmula para o cálculo do ILS:

> **Índice de Liquidez Seca = (Ativo Circulante – Estoques) / Passivo Circulante**

É aconselhável que as empresas trabalhem com todos os índices de liquidez apresentados. A utilização em conjunto do índice de liquidez corrente e do índice de liquidez seca permite verificar, justamente, qual a importância dos estoques para que a empresa consiga honrar os seus pagamentos. Empresas que possuem um bom volume de vendas, ou seja, cujos produtos ou mercadorias têm um bom giro, podem basear-se no resultado do ILC, entretanto, empresas com um ciclo operacional maior ou que não tenham um bom giro para os seus produtos devem utilizar o ILS como parâmetro, já que esse índice possibilita maior margem de segurança para a tomada de decisão.

- Índice de liquidez imediata

O objetivo ao se calcular o índice de liquidez imediata é verificar a capacidade de pagamento empresarial em curto prazo, considerando, para tanto, apenas as disponibilidades constantes no Ativo Circulante, ou seja, caixa e bancos. A análise é análoga aos demais índices até aqui apresentados, ou seja, quanto maior o resultado, melhor, pois menor será o risco de falência da empresa.

Abaixo, a fórmula do ILI:

> Índice de Liquidez Imediata = Disponibilidades / Passivo Circulante

Cabe ressaltar que raramente as empresas apresentarão índices de liquidez imediata acima de 1, pois, assim, estariam evidenciando que a remuneração do capital em seus investimentos financeiros (bancos) é superior à remuneração obtida pelo capital investido no próprio negócio, ou seja, no mercado produtivo. Sabemos que essa relação ocorre de forma inversa na prática e, portanto, recursos disponíveis em excesso reduzem a rentabilidade da empresa. Um ILI de 0,43, por exemplo, indica que a cada R$ 1,00 devido a curto prazo, a empresa possui, disponível, 0,43 para pagar.

A análise deve ser criteriosa o suficiente para identificar que nem sempre índices inferiores a 1 indicam uma má gestão empresarial, como é o caso do ILI.

2.2 ÍNDICES DE ATIVIDADE

Os índices de atividade estão relacionados ao funcionamento da empresa, ou seja, às vendas, à gestão do estoque, do capital de giro, dos ativos etc. Na verdade, os índices de atividade influenciam diretamente a liquidez empresarial, pois demonstram a velocidade com que os diversos ativos são transformados em recursos financeiros (caixa). Quanto melhores os índices de atividade, maior será a liquidez empresarial.

Nesta obra, serão abordados quatro índices de atividade: giro de estoque, prazo médio de recebimento, prazo médio de pagamento e giro do ativo.

- Giro de estoque

Através do giro de estoque, é possível visualizar o grau de aceitação dos produtos ou mercadorias da empresa no mercado, pois quanto maior este giro, maior é a velocidade com que tais produtos são vendidos e, consequentemente, com que os recursos financeiros ingressam no caixa. Para o cálculo do giro de estoque, deve ser levada em consideração a fórmula descrita abaixo:

> **Giro de Estoque = Custo dos Produtos Vendidos / Estoque**

É importante ressaltar que é necessário fixar um limite temporal para a análise do giro de estoque. Normalmente, trabalha-se com giro de estoque anual, entretanto, tal periodicidade dependerá das características da atividade analisada e dos prazos de divulgação do DRE e do Balanço Patrimonial. Por exemplo, se o CPV é de R$ 840.000,00 e o estoque é de R$ 1.000.000,00, o giro de estoque será de 0,84, ou seja, 84%. Isso quer dizer que o estoque não girou nem uma vez ao longo do período considerado, seja ano, trimestre, mês etc. Por outro lado, se o giro de estoque é de 2,6, por exemplo, quer dizer que o estoque girou 2,6 vezes no período considerado, o que, em regra, já representaria uma situação melhor para a empresa.

Entretanto, não se pode afirmar que um índice de 2,6 é bom para a empresa e que um índice de 0,84 é ruim, pois todos os valores calculados devem ser comparados aos índices da concorrência ou da média das empresas do setor. Portanto, não basta ao gestor olhar apenas para dentro da sua empresa, se não conhecer o mercado e seus concorrentes. O que se pode concluir é que uma correta gestão dos estoques influencia diretamente no grau de liquidez empresarial, pois quanto maior o giro, maiores e mais rápidas as vendas, e, dessa forma, maior a liquidez do negócio.

- Prazo médio de recebimento

Através de uma boa negociação dos prazos de recebimento e pagamento, é possível reduzir a necessidade de capital de giro da empresa, pois, quanto antes receber e mais tarde puder efetuar seus pagamentos, menos terá que desembolsar ou investir no giro de suas atividades. É claro que nem sempre tal situação será possível, pois essa negociação depende de uma série de fatores, tais como: poder de barganha da empresa, número de fornecedores aptos a entregar o produto ou serviço, aceitação do produto ou serviço no mercado, necessidade do produto ou serviço por parte do cliente etc.

Portanto, com relação ao prazo médio de recebimento (PMR), o ideal é que seja o menor possível, porém sem o uso de técnicas de negociação ou de cobrança muito agressivas, que possam resultar em reduções na carteira de clientes. O prazo médio de recebimento (PMR) pode ser calculado de acordo com a fórmula abaixo:

PMR = Contas a Receber (Clientes) / Vendas Médias Diárias

A informação relativa às contas a receber encontra-se no Ativo Patrimonial, mais especificamente no Ativo Circulante, podendo ser denominada de "Contas a Receber" ou "Clientes", e diz respeito aos produtos já vendidos, ou serviços já prestados e ainda não pagos à empresa. Se, por acaso, a empresa conceder um prazo superior ao ciclo operacional para que seus clientes efetuem o pagamento, uma parcela das contas a receber também pode estar localizada no Ativo Não Circulante. A informação relativa às vendas médias diárias deve ser obtida através do Faturamento, o qual está indicado no Demonstrativo do Resultado do Exercício (DRE).

Se, por exemplo, a empresa possui R$ 100.000,00 em contas a receber e vende, em média, R$ 2.500,00 por dia, o PMR é de 40 dias, pois R$ 100.000,00/R$ 2.500,00 = 40. Isso quer dizer que a empresa tem 40 dias de trabalho ainda por receber.

- Prazo médio de pagamento

Conforme já mencionado no item anterior, quanto mais a empresa puder prorrogar os seus pagamentos, sem que tal estratégia afete sua credibilidade perante os fornecedores e o mercado em geral, menor será a sua necessidade de capital de giro, ou seja, menor será o volume de capital necessário para custear suas atividades. É importante ressaltar que a prorrogação dos prazos de pagamento deve ocorrer mediante negociação junto aos fornecedores, e que os prazos acordados devem ser rigorosamente cumpridos, justamente para que a empresa continue dispondo deste crédito.

É claro que a situação ideal para qualquer empresa seria receber os recursos provenientes das suas vendas ou prestação de serviços antes de efetuar os pagamentos aos seus fornecedores, pois, neste caso, reduziria consideravelmente o desembolso necessário para custeio do capital de giro, já que os próprios clientes custeariam boa parte do ciclo operacional. Podemos visualizar essa situação com alguns hipermercados e em alguns empreendimentos na área da construção civil, quando algumas empresas conseguem alavancar as vendas na planta, realizando a obra conforme o ingresso dos recursos provenientes das vendas antecipadas. Entretanto, essa situação não é comum em outras áreas, principalmente na indústria. De qualquer forma, o intuito dos negociadores sempre deve ser reduzir o prazo entre o desembolso para o pagamento dos insumos e matérias-primas e o efetivo recebimento gerado pelas vendas ou pela prestação dos serviços, ou seja, reduzir o ciclo de conversão de caixa, conforme já exposto no Capítulo 1.

O prazo médio de pagamento (PMP) pode ser calculado de acordo com a fórmula abaixo:

> **PMP = Contas a Pagar (Fornecedores) / Compras Médias Diárias**

A informação relativa às contas a pagar encontra-se no Passivo Patrimonial, normalmente no Passivo Circulante, através da conta "fornecedores". Entretanto, para o cálculo das compras médias diárias, deve-se seguir a fórmula indicada abaixo:

> **CMV = Estoque inicial + Compras – Estoque Final**

ou

> **CPV = Estoque inicial + Gastos Gerais de Fabricação + Compras − Estoque Final**

A inserção do item "Gastos Gerais de Fabricação" para o CPV (indústria) é necessária por tratar-se de um ciclo operacional no qual há custos com a fabricação de produtos. Para a composição desses custos será necessária a compreensão de algumas abordagens de custeio, que não serão objeto de estudo desta obra.

- Giro do ativo total

Esse índice mostra a eficiência com que a empresa gerencia seus ativos, ou seja, seu patrimônio. Quanto maior o resultado, melhor para a empresa, pois indica um uso mais eficiente dos seus ativos. A fórmula utilizada para o cálculo desse índice é demonstrada abaixo:

> **Giro do Ativo Total = Vendas / Ativo Total**

Para ilustrar a aplicação da fórmula mencionada, vamos imaginar o seguinte exemplo: uma empresa que tenha vendas anuais de R$ 100.000,00 e um ativo total de R$ 1.000.000,00. O giro do ativo total seria:

$$\text{Giro do ativo total} = \frac{R\$\ 100.000,00}{R\$\ 1.000.000,00} = 0,10 \text{ ou } 10\%.$$

Não parece que uma empresa com um patrimônio de R$ 1.000.000,00 esteja utilizando seu ativo de forma eficiente ao realizar vendas de apenas R$ 100.000,00 no ano. Nesse caso, a empresa está girando apenas 10% do seu ativo total. Muito provavelmente, essa empresa terá problemas de liquidez, pois não está conseguindo obter retorno financeiro adequado com os seus ativos patrimoniais. Entretanto, é importante diferenciar os problemas de liquidez (financeiros) dos problemas econômicos (patrimoniais). No exemplo citado, a empresa apresenta problemas financeiros, mas possui um patrimônio de R$ 1.000.000,00 que ainda pode dispor para sanar suas dívidas. A pior situação é quando a empresa, além de possuir problemas financeiros, também apresenta uma situação econômica ruim, ou seja, não tem ativos patrimoniais para dispor e honrar seus compromissos.

O ideal, claro, é que a empresa tenha liquidez e solidez patrimonial, e a utilização do índice giro do ativo total é um instrumento de extrema valia para que o gestor possa visualizar o quão eficientemente os ativos empresariais estão sendo utilizados.

2.3 ÍNDICES DE ENDIVIDAMENTO (ESTRUTURA DE CAPITAL)

Conforme já demonstrado no primeiro capítulo desta obra, as empresas podem obter recursos financeiros através de duas fontes principais: capital de terceiros e capital próprio.

ATIVO	PASSIVO
	Capital de Terceiros
	Capital Próprio

Balanço Patrimonial

O capital de terceiros, que envolve, principalmente, as contas "Fornecedores" e "Instituições Financeiras", encontra-se nos passivos circulante e não circulante. O capital próprio, por sua vez, encontra-se no patrimônio líquido, representando o dinheiro investido pelos proprietários. Através da proporção do volume de capital de terceiros em relação ao patrimônio total, é possível calcular o índice de endividamento geral.

- Índice de endividamento geral

O índice de endividamento geral (IEG) pode ser calculado através da fórmula abaixo:

> **IEG = Passivo Exigível Total / Ativo Total**

Onde:

Passivo Exigível Total = Passivo Circulante + Passivo Não Circulante

Esse índice indica o volume de capital de terceiros utilizado pelas empresas na condução das suas atividades. Em tese, quanto maior o grau de endividamento, pior para a empresa, pois o risco financeiro do negócio aumenta consideravelmente. Entretanto, é importante relembrar que risco e retorno caminham sempre na mesma direção, ou seja, são grandezas diretamente proporcionais. Portanto, se os recursos de terceiros presentes na estrutura patrimonial da empresa forem corretamente investidos e bem gerenciados, podem contribuir para que o resultado aumente, elevando o lucro dos proprietários. Isso ocorre em função da alavancagem financeira.

Pode-se dizer, então, que a alavancagem financeira resulta da presença de capital de terceiros na estrutura patrimonial. Entretanto, há que se tomar cuidado, pois nem toda empresa com alto grau de endividamento estará, necessariamente, alavancada, já que a alavancagem financeira presume um bom gerenciamento dos recursos obtidos, de modo que o retorno gerado seja superior ao custo deste capital, contribuindo para o aumento do resultado. Abaixo, segue um exemplo para melhor ilustrar essa situação:

Imagine um investidor que dispõe de R$ 50.000,00 e tem a oportunidade de efetuar uma aplicação no valor de R$ 90.000,00, a qual proporcionará um rendimento de 4,5% ao prazo de 30 dias. Se tomasse emprestados os recursos complementares de que necessita, no valor de R$ 40.000,00, a juros de 3,2% a.m., quanto obteria de rendimento e qual seria a rentabilidade sobre o capital próprio investido?

Retorno sobre o capital total investido:

R$ 90.000,00 × 4,5% a.m. = R$ 4.050,00;

Retorno sobre o capital próprio:

R$ 50.000,00 × 4,5% a.m. = R$ 2.250,00;

Retorno sobre o capital de terceiros:

R$ 40.000,00 × 4,5% a.m. = R$ 1.800,00;

Custo do capital de terceiros:

R$ 40.000,00 × 3,2% a.m. = R$ 1.280,00;

Retorno líquido:

R$ 4.050,00 – R$ 1.280,00 = R$ 2.770,00;

Rentabilidade do capital próprio:

R$ 2.770,00 / R$ 50.000,00 = 5,54% a.m.

Pode-se observar que, nesse caso, em função do endividamento da empresa, houve alavancagem financeira, já que o retorno obtido com o investimento é superior ao custo de capital (4,5% a.m. > 3,2% a.m.), o que gera uma maior rentabilidade aos proprietários (5,54% a.m. > 4,5% a.m.).

Portanto, a utilização de capital de terceiros pode trazer bons resultados à empresa, mas desde que a rentabilidade do capital investido seja superior ao seu custo, o que gera a alavancagem financeira.

Ainda com relação ao índice de endividamento geral (IEG), o mesmo também deve ser comparado aos índices da concorrência para que se tenha uma posição mais adequada do comprometimento financeiro da empresa. Não existe um "número mágico", segundo o qual se possa afirmar que a empresa está ou não com um alto grau de endividamento, pois o volume de capital de terceiros na estrutura patrimonial depende de uma série de fatores, como as peculiaridades ou características do negócio, o faturamento da empresa, o seu relacionamento com os bancos etc. Apenas com muito conhecimento do negócio, da empresa e do mercado é que se pode fixar um limite para o endividamento empresarial, adotando uma estrutura ótima de capital, a qual permite reduzir o custo do dinheiro de acordo com a proporção adotada para os recursos de terceiros e os recursos próprios. É claro que tal estrutura deve ser constantemente monitorada, em função das variações dos cenários econômico, político, tributário etc.

- Índice de cobertura de juros

Quando falamos sobre endividamento, trabalhamos com dois tipos de medidas: índices de grau de endividamento e índices que mensuram a capacidade de pagamento do ônus decorrente dessas dívidas, caso do índice de cobertura de juros. A fórmula de cálculo está exposta logo abaixo:

> **Índice de Cobertura de Juros (ICJ) = LAJUR / Juros**

O LAJUR, que significa Lucro Antes dos Juros, é sinônimo de Lucro Operacional ou Resultado Operacional Líquido, apontado nos modelos de DREs do Capítulo 1. Na verdade, significa o lucro que a empresa apurou somente com as suas operações produtivas, sem envolver as receitas e despesas financeiras. Da mesma forma que o LAJUR, os juros também estão indicados nos DREs do capítulo anterior, dentro das despesas financeiras.

Se, por acaso, o resultado desse índice for maior que 1, significa que a empresa possui condições de arcar com o pagamento das despesas financeiras. Quanto maior esse índice, maior é a folga financeira empresarial, a qual pode decorrer de um menor grau de endividamento ou de um excelente resultado operacional. Aliás, o ideal é que o ICJ tenha um valor bem superior a um, pois, desse resultado, ainda terão de ser deduzidas as demais despesas constantes na 2ª parte do DRE, tais como as despesas tributárias (I.R.), antes de se apurar o lucro final dos proprietários.

- Índice de imobilização do patrimônio líquido

Indica qual é o percentual de recursos próprios utilizado para financiar o Ativo Permanente da empresa. Conforme já comentado, em tese, os recursos de longo prazo devem financiar os investimentos de longo prazo e os recursos de curto prazo devem financiar os investimentos de curto prazo, contribuindo para que haja um equilíbrio financeiro para a empresa. Portanto, seguindo essa regra, os investimentos em maquinário, imóveis, veículos e outras instalações (imobilizado) devem ser financiados, em sua maioria, por recursos próprios, pois os acionistas, ou proprietários, em regra, aguardam um período maior que os credores para obterem o retorno dos seus investimentos.

De acordo com o exposto acima, a fórmula para o cálculo do índice de imobilização do patrimônio líquido é escrita da seguinte forma:

> **Índice de Imobilização do Patrimônio Líquido = Ativo Permanente / Patrimônio Líquido**

Assim, quanto menor o índice calculado, melhor, pois significa que a empresa está utilizando menos recursos de terceiros para imobilizar no ativo permanente. Por exemplo, se o índice apurado for 1,36, quer dizer que o ativo permanente é 36% maior que o patrimônio líquido, ou seja, os recursos dos sócios ou proprietários não são suficientes para arcar com todo o investimento em maquinário, móveis, imóveis etc., sendo necessário consumir recursos de terceiros. Por outro lado, se o índice apurado for 0,74, significa que todo o investimento em imobilizado é bancado por recursos próprios, havendo ainda disponibilidade (26%) para investimento em ativos com prazos de retorno inferior, o que irá proporcionar uma folga financeira para a empresa.

- Índice de capital de giro próprio

Indica o percentual do Ativo Circulante financiado através de recursos próprios, oriundos do patrimônio líquido. Na realidade, a interpretação é complementar ao índice anterior (Imobilização do PL), pois caso este tenha resultado inferior a 1, fica claro que a empresa possui um patrimônio líquido superior ao seu ativo imobilizado, sendo maior a probabilidade de que uma parte desses recursos seja destinada ao Ativo Circulante, para financiamento do capital de giro. A fórmula de cálculo é indicada abaixo:

> **Índice de Capital de Giro Próprio = (Patrimônio Líquido − Ativo Não Circulante) / Ativo Circulante**

Parece claro que quanto maior o índice obtido, melhor é a posição da empresa em termos de risco, já que possui uma parcela do seu capital de giro, ou seja, investimentos em caixa, estoques e contas a receber (Ativo Circulante), financiada por recursos próprios. Isso quer dizer que a empresa está financiando investimentos de curto prazo com recursos de longo prazo, o que, provavelmente, irá lhe proporcionar folga financeira, pois poderá trabalhar com esses recursos. Concluindo, quanto menor o índice de imobilização do patrimônio líquido e maior o índice de capital de giro próprio, menor é o risco ofertado pela empresa aos seus investidores e, principalmente, credores, já que, nesse caso, a estrutura de capital da empresa poderá ser classificada como boa, conforme já retratado no item 1.1 do Capítulo 1.

2.4 ÍNDICES DE RENTABILIDADE

Até agora, ao abordarmos os índices de liquidez, atividade e endividamento, mensuramos e avaliamos o risco do negócio. A partir dos índices de rentabilidade, passaremos a mensurar o retorno obtido pela empresa na realização das suas atividades. Os índices de rentabilidade são o "chamariz" da empresa para os investidores, pois, em regra, são os primeiros a serem observados pelo mercado. Nesta obra, trabalharemos com sete índices de rentabilidade, os quais são expostos a seguir:

- Margem de lucro bruto

Quando falamos em margem de lucro, estamos apurando a proporção do lucro em relação às vendas. Quanto maiores seus índices, melhor a rentabilidade da empresa, ou seja, melhor é o seu resultado. Tais índices devem ser apurados levando-se em consideração o DRE (Demonstrativo de Resultado do Exercício). A fórmula para o cálculo da margem de lucro bruto é demonstrada abaixo:

Margem de Lucro Bruto = Lucro Bruto / Receita de Vendas

Imaginemos a seguinte estrutura de DRE:

Receita operacional bruta	R$ 100.000,00
(–) Deduções da receita bruta	R$ 32.250,00
(=) Receita operacional líquida	R$ 67.750,00
(–) Custo do produto vendido	R$ 20.325,00
(=) Resultado operacional bruto	R$ 47.425,00

Através da fórmula descrita acima, verifica-se que a margem de lucro bruto da empresa é de 47,42% (R$ 47.425,00/R$ 100.000,00). Na verdade, isso quer dizer que de cada R$ 1,00 que a empresa fatura, após as deduções dos impostos incidentes sobre a venda e dos custos de produção, sobram R$ 0,4742.

- Margem de lucro operacional

A interpretação desse índice é análoga à margem de lucro bruto, com a diferença de que, agora, a referência é o resultado operacional líquido (LAJUR), conforme demonstrado abaixo, de acordo com a continuação do DRE anterior:

Receita operacional bruta	R$ 100.000,00
(–) Deduções da receita bruta	R$ 32.250,00
(=) Receita operacional líquida	R$ 67.750,00
(–) Custo do produto vendido	R$ 20.325,00
(=) Resultado operacional bruto	R$ 47.425,00
(–) Despesas operacionais	R$ 11.856,25
(=) LAJUR	R$ 35.568,75

A margem de lucro operacional é de 35,56% (R$ 35.568,75/R$ 100.000,00), ou seja, de cada R$ 1,00 faturado, sobram R$ 0,3556 para a empresa, após as deduções dos impostos sobre as vendas, dos custos de produção e das despesas operacionais.

- Margem de lucro líquido

Através da margem de lucro líquido, é possível apurar o percentual do lucro disponível aos proprietários da empresa em relação ao faturamento total. Continuaremos abordando o cálculo através do DRE descrito nos itens anteriores:

Receita operacional bruta	R$ 100.000,00
(–) Deduções da receita bruta	R$ 32.250,00
(=) Receita operacional líquida	R$ 67.750,00
(–) Custo do produto vendido	R$ 20.325,00
(=) Resultado operacional bruto	R$ 47.425,00
(–) Despesas operacionais	R$ 11.856,25
(=) LAJUR	R$ 35.568,75

(–) Despesas financeiras R$ 4.268,25
(=) Resultado antes do IR R$ 31.300,50
(–) Provisão para o IR R$ 6.260,10
(=) Lucro líquido R$ 25.040,40

A margem de lucro líquido é de 25,04% (R$ 25.040,40/R$ 100.000,00), ou seja, a cada R$ 1,00 faturado, sobram R$ 0,25 para os sócios ou proprietários, após a dedução de todos os custos e despesas, sejam operacionais ou financeiros. Cabe ressaltar que o DRE acima é característico de uma empresa de capital fechado (Ltda.), já que não há previsão de pagamento de dividendos, como foi especificado no segundo modelo de DRE descrito no Capítulo 1.

A apuração das três margens de lucro apresentadas é importante para o gestor ter um maior controle financeiro, visto que permite a identificação dos principais custos e despesas existentes. Por exemplo, através dos cálculos efetuados para o DRE acima, percebe-se que a maior fatia dos custos e despesas encontra-se na primeira parte do DRE, como CPV e deduções da receita bruta. O CPV e as deduções somam, juntos, 52,58% da receita bruta.

- Lucro por ação

O lucro por ação (LPA) indica o lucro disponível para cada ação componente do patrimônio empresarial. A fórmula para o cálculo está indicada abaixo:

> LPA = Lucro Líquido Disponível aos Acionistas / Número de Ações

É interessante ressaltar que em várias obras toma-se por base apenas a ação ordinária para evidenciar o cálculo do LPA. Desta maneira, a fórmula acima seria reescrita conforme exposto a seguir:

> LPA = Lucro Líquido Disponível aos Acionistas Ordinários / Número de Ações Ordinárias

Essa distinção ocorre em virtude das características de cada ação. Na realidade, conforme já ressaltado, nem todo o lucro será, necessariamente, distribuído aos acionistas, já que as empresas utilizam o lucro retido como fonte de financiamento para novos projetos ou empreendimentos. Entretanto, o pagamento dos dividendos preferenciais não deixa de ser encarado como uma obrigação, na medida em que estes acionistas, normalmente, buscam retornos periódicos, ao contrário dos ordinários, que estão interessados no ganho de capital. Isso quer dizer que o lucro dos acionistas preferenciais, muitas vezes, já é determinado no início do exercício, fazendo com que não se tenha a mesma volatilidade que o lucro dos acionistas ordinários. Portanto, para evidenciar a variação do LPA ao longo de períodos sucessivos, pode-se utilizar o último item do DRE para o cálculo, ou seja, o lucro líquido disponível aos acionistas ordinários.

- Índice de distribuição de dividendos

Esse índice nos mostra o percentual do lucro que é distribuído em forma de dividendos aos acionistas da empresa. Quanto maior esse percentual, mais interessante para os investidores que buscam retornos periódicos e não somente o ganho de capital. A fórmula de cálculo é indicada a seguir:

Índice de Distribuição de Dividendos = Dividendo por Ação / Lucro por Ação

---

Empresas em fase de crescimento e com menos tradição e credibilidade no mercado costumam ter um índice de distribuição de dividendos mais baixo do que empresas de primeira linha, pois estas já atingiram a sua maturidade e, em função de seu patrimônio, credibilidade e tradição, possuem acesso mais facilitado e barato ao crédito bancário, podendo destinar um volume maior do lucro aos seus acionistas. Ao contrário, as empresas em fase de crescimento, por precisarem de um bom volume de recursos financeiros para investir e não terem esse relacionamento tão estreito com as instituições financeiras, utilizam a retenção dos lucros como uma das suas principais alternativas de financiamento.

- Retorno do ativo total

O retorno do ativo total (ROA) é um índice complementar ao giro do ativo total, o qual já foi abordado neste mesmo capítulo, dentro dos índices de atividade, e cuja fórmula está, novamente, indicada abaixo:

> **Giro do Ativo Total = Vendas / Ativo Total**

Como já foi destacado anteriormente, o giro do ativo total indica a eficiência com que a empresa gerencia seus ativos, com o objetivo de gerar vendas, aumentando sua receita e trazendo mais recursos financeiros para o caixa, contribuindo de forma positiva para uma melhor evolução dos índices de liquidez. Entretanto, através do giro do ativo total, compara-se a receita de vendas com o patrimônio empresarial, e sabe-se que a receita de vendas é o primeiro item do DRE (Demonstrativo de Resultado do Exercício), ainda devendo ser deduzidos todos os custos e despesas para a apuração do lucro empresarial. Portanto, para se ter uma ideia correta da rentabilidade do patrimônio empresarial, comparando-se o lucro líquido com o ativo total, utiliza-se o retorno do ativo (ROA), cuja fórmula de cálculo segue abaixo:

> **Retorno do Ativo Total (ROA) = Lucro Líquido / Ativo Total**

Parece claro que, quanto maior esse índice, melhor para a empresa, já que indica que os seus ativos estão sendo bem gerenciados e que a rentabilidade sobre o que foi investido é satisfatória. É claro que, como em todos os demais casos, o resultado obtido deve ser comparado à média do mercado, bem como ao histórico de índices da empresa (resultados de exercícios anteriores), para que se tenha uma noção mais exata da real situação empresarial perante a concorrência e da sua evolução ao longo dos últimos exercícios.

- Retorno do capital próprio

Talvez um dos índices mais importantes para os investidores, já que retrata a rentabilidade do patrimônio líquido, ou seja, o retorno sobre o capital próprio investido. No caso de empresas de capital fechado (Ltda.), a fórmula é a seguinte:

> **Retorno do Capital Próprio (ROE) = Lucro Líquido / Patrimônio Líquido**

No caso de empresas de capital aberto, em razão das características das ações preferenciais, as quais já foram expostas anteriormente, a fórmula pode ser escrita da seguinte forma:

> **Retorno do Capital Próprio (ROE) = Lucro Líquido Disponível aos Acionistas Ordinários / Patrimônio dos Acionistas Ordinários**

Quanto maior esse índice, melhor para a empresa, pois quanto maior a rentabilidade dos sócios, ou acionistas, a tendência é que mais recursos próprios sejam aportados no negócio.

2.5 ÍNDICES DE VALOR DE MERCADO

Comumente utilizados por empresas de capital aberto, os índices de valor de mercado demonstram a imagem que a empresa tem perante seus investidores e perante o mercado. Aqui, serão abordados o índice preço/lucro (P/L) e o índice preço/valor patrimonial (P/V).

- Índice preço/lucro

Indica quanto os investidores estão dispostos a pagar por cada unidade monetária de lucro referente à ação em questão. Quanto maior esse índice, maior é a confiança dos investidores na empresa, já que estão dispostos a pagar um valor maior para adquirir as ações. Abaixo, é indicada a fórmula de cálculo:

> **Índice Preço/Lucro (P/L) = Preço de Mercado da Ação / Lucro por Ação**

Através desse índice, é possível traçar uma série de comparações entre empresas, setores ou segmentos do mercado. Por exemplo, imaginemos que o P/L médio das empresas do setor automotivo, num determinado período, seja de 6,50, e o das empresas do setor de construção civil, de 7,90. Pela análise dos índices hipotéticos, percebe-se que as ações das empresas pertencentes ao setor de construção civil possuem uma maior demanda do que as ações das empresas do setor automotivo, visto que os investidores do setor de construção civil estão dispostos a pagar quase oito vezes o valor do LPA, enquanto os investidores do setor automotivo estão dispostos a pagar 6,50 vezes o valor do LPA. Portanto, percebe-se que as ações das empresas do setor de construção civil estão mais valorizadas do que as do setor automotivo.

Através do índice P/L, também é possível traçar comparações entre as principais bolsas mundiais e, consequentemente, entre diversos países. Por exemplo, sabe-se que o desenvolvimento do mercado de capitais tem relação direta com o desenvolvimento econômico de um país, pois representa uma fonte alternativa de financiamento para as empresas e quanto mais desenvolvido é este mercado, mais investimentos serão realizados e empregos serão gerados. Imaginemos, desta vez, uma comparação entre as principais ações negociadas na Bovespa (Bolsa de Valores de São Paulo) e as principais ações negociadas na Bolsa argentina. Supondo que o índice P/L das ações integrantes do Ibovespa seja de 5,40 e que o índice P/L das principais ações negociadas no mercado argentino seja de 4,20, pode-se concluir que o mercado acionário brasileiro está mais aquecido que o mercado acionário argentino, visto que a demanda pelas ações das principais empresas brasileiras é maior, elevando, consequentemente, seu preço de venda.

- Índice preço / valor patrimonial

Se, através do índice P/L, apura-se o valor pago pela ação em relação ao seu lucro no exercício, através do índice P/V (preço/valor patrimonial) apura-se o valor pago pela ação em relação ao valor pelo qual ela está contabilizada no patrimônio líquido. Por exemplo, um índice P/V de 1,20 indica que a ação está sendo vendida com uma valorização de 20%, ou seja, 20% de ágio em relação ao valor pelo qual ela está contabilizada. Por outro lado, um índice P/V de 0,80 indica que a ação está subvalorizada, ou seja, está sendo negociada por apenas 80% do seu valor patrimonial. A fórmula para o cálculo está indicada abaixo:

> Índice Preço / Valor Patrimonial = Preço de Mercado da Ação / Valor Patrimonial da Ação

Claro que, quanto maior este índice, melhor para a empresa, pois significa que suas ações estão sendo mais bem negociadas no mercado.

2.6 ANÁLISES VERTICAL E HORIZONTAL

Além do cálculo e interpretação dos índices que foram apresentados até o momento, a verificação da variação percentual entre as diversas contas que compõem o Balanço Patrimonial e o Demonstrativo de Resultado do Exercício, bem como o peso de cada uma na composição desses demonstrativos contábeis, também são importantes para a emissão de uma análise ou parecer sobre a saúde financeira empresarial. Isso pode ser verificado através das análises vertical e horizontal, as quais serão expostas a seguir.

- Análise vertical

Para o cálculo dos percentuais relativos à análise vertical, serão utilizados os DREs a seguir:

DRE	ANO 1	ANO 2
Receita operacional bruta	R$ 100.000,00	R$ 123.520,00
(–) Deduções da receita bruta	R$ 32.250,00	R$ 42.154,00
(=) Receita operacional líquida	R$ 67.750,00	R$ 81.366,00
(–) Custo do produto vendido	R$ 20.325,00	R$ 31.250,00
(=) Resultado operacional bruto	R$ 47.425,00	R$ 50.116,00
(–) Despesas operacionais	R$ 11.856,25	R$ 15.230,00
(=) LAJUR	R$ 35.568,75	R$ 34.886,00
(–) Despesas financeiras	R$ 4.268,25	R$ 3.892,00
(=) Resultado antes do IR	R$ 31.300,50	R$ 30.994,00
(–) Provisão para o IR	R$ 6.260,10	R$ 6.198,80
(=) Lucro líquido	R$ 25.040,40	R$ 24.795,20

A análise vertical consiste na apuração dos percentuais relativos de cada uma das despesas e margens de lucro em relação à receita de vendas, conforme demonstrado a seguir:

$$\text{Custo relativo} - \text{ANO 1} = \frac{\text{R\$ 20.325,00}}{\text{R\$ 100.000,00}} = 20,32\%;$$

$$\text{Custo relativo} - \text{ANO 2} = \frac{\text{R\$ 31.250,00}}{\text{R\$ 123.520,00}} = 25,30\%$$

Através desse mesmo procedimento de cálculo para todos os itens do DRE, apuram-se os percentuais abaixo:

DRE	ANO 1	%	ANO 2	%
Receita operacional bruta	R$ 100.000,00	100%	R$ 123.520,00	100%
(–) Deduções da receita bruta	R$ 32.250,00	32,25%	R$ 42.154,00	34,13%
(=) Receita operacional líquida	R$ 67.750,00	67,75%	R$ 81.366,00	65,87%
(–) Custo do produto vendido	R$ 20.325,00	20,32%	R$ 31.250,00	25,30%
(=) Resultado operacional bruto	R$ 47.425,00	47,42%	R$ 50.116,00	40,57%
(–) Despesas operacionais	R$ 11.856,25	11,86%	R$ 15.230,00	12,33%
(=) LAJUR	R$ 35.568,75	35,57%	R$ 34.886,00	28,24%
(–) Despesas financeiras	R$ 4.268,25	4,27%	R$ 3.892,00	3,15%
(=) Resultado antes do IR	R$ 31.300,50	31,30%	R$ 30.994,00	25,09%
(–) Provisão para o IR	R$ 6.260,10	6,26%	R$ 6.198,80	5,02%
(=) Lucro líquido	R$ 25.040,40	25,04%	R$ 24.795,20	20,07%

A partir dessas informações, já é possível traçar algumas análises com relação à situação empresarial no decorrer desses dois anos. Pode-se perceber, por exemplo, que a participação do CPV (custo do produto vendido) aumentou consideravelmente de um ano para o outro. No ano 1, o CPV representava 20,32% de todo o faturamento da empresa, já no ano 2 esse percentual se elevou para 25,30%, sendo a principal razão para a redução proporcional do Resultado Operacional Bruto e, consequentemente, do Lucro Líquido.

A análise vertical também pode ser aplicada aos demais demonstrativos financeiros e contábeis, tal como o Balanço Patrimonial. Nesse caso, verifica-se a proporção de cada conta em relação ao total dos ativos ou passivos.

- Análise horizontal

Efetuaremos a análise horizontal através dos mesmos DREs destacados anteriormente. Para o cálculo da análise horizontal, deve ser verificada a variação percentual de cada uma das contas existentes no DRE (receita, custos, despesas e margens) entre os anos 1 e 2. Ao contrário da análise vertical, na qual os percentuais eram calculados coluna a coluna, dentro do próprio exercício, na análise horizontal é apurada a variação (positiva/negativa) de um exercício para o outro, conforme pode ser observado a seguir:

DRE	ANO 1	ANO 2	%
Receita operacional bruta	R$ 100.000,00	R$ 123.520,00	23,52%
(–) Deduções da receita bruta	R$ 32.250,00	R$ 42.154,00	30,71%
(=) Receita operacional líquida	R$ 67.750,00	R$ 81.366,00	20,09%
(–) Custo do produto vendido	R$ 20.325,00	R$ 31.250,00	53,75%
(=) Resultado operacional bruto	R$ 47.425,00	R$ 50.116,00	5,67%
(–) Despesas operacionais	R$ 11.856,25	R$ 15.230,00	28,45%
(=) LAJUR	R$ 35.568,75	R$ 34.886,00	– 1,92%
(–) Despesas financeiras	R$ 4.268,25	R$ 3.892,00	– 8,81%
(=) Resultado antes do IR	R$ 31.300,50	R$ 30.994,00	– 0,98%
(–) Provisão para o IR	R$ 6.260,10	R$ 6.198,80	– 0,98%
(=) Lucro líquido	R$ 25.040,40	R$ 24.795,20	– 0,98%

O procedimento de cálculo é análogo ao da análise vertical, mas o objetivo, agora, é verificar a variação percentual de cada item entre o Ano 1 e o Ano 2. Abaixo, são indicados mais alguns exemplos:

- Variação percentual da receita bruta:
  (R$ 123.520,00 / R$ 100.000,00 − 1) × 100 = 23,52%
- Variação percentual das despesas financeiras:
  (R$ 3.892,00 / R$ 4.268,25 − 1) × 100 = − 8,81%.

Ao analisarmos os percentuais obtidos, ratificamos a conclusão de que os custos de produção têm sido os principais responsáveis pela redução da margem de lucro empresarial. Observando a tabela, verifica-se que, enquanto a receita bruta de vendas aumentou 23,52%, o custo do produto vendido aumentou 53,75%. Portanto, tanto a análise vertical como a análise horizontal podem ser extremamente úteis ao gestor na identificação de eventuais problemas na administração financeira empresarial.

2.7 PERGUNTAS E PROBLEMAS PROPOSTOS PARA A FIXAÇÃO DOS CONCEITOS APRESENTADOS

1. De acordo com o que foi apresentado neste capítulo, os índices financeiros podem ser divididos em cinco categorias. Quais são estas cinco categorias? Explique-as.

2. Calcule o capital circulante líquido (CCL) do Balanço Patrimonial retratado a seguir e explique o seu significado.

Ativo Circulante	Passivo Circulante
R$ 37.000,00	R$ 25.000,00
Ativo Não Circulante	Passivo Não Circulante
R$ 18.000,00	R$ 21.000,00
Ativo Permanente	Patrimônio Líquido
R$ 55.000,00	R$ 64.000,00

3. Suponha que uma determinada empresa tenha R$ 150.000,00 em caixa e tem a oportunidade de efetuar um investimento no valor de R$ 245.000,00, o qual proporcionará uma taxa de retorno prevista de 28% ao ano. Como a empresa terá de tomar emprestados os recursos complementares de que necessita, ou seja, R$ 95.000,00, a juros de 22,5% a.a., quanto obteria de rendimento líquido e qual seria a rentabilidade sobre o capital próprio investido? Constata-se alavancagem financeira? Por quê?

    Obs.: O custo do capital próprio é de 20% a.a.

4. Com base no DRE (Demonstrativo de Resultado do Exercício) a seguir, apure as margens de lucro bruto, operacional e líquido; explicando o significado de cada um dos resultados encontrados.

Receita operacional bruta	R$ 285.000,00
(–) Deduções da receita bruta	R$ 76.950,00
(=) Receita operacional líquida	R$ 208.050,00
(–) Custo do produto vendido	R$ 82.817,50
(=) Resultado operacional bruto	R$ 125.232,50
(–) Despesas operacionais	R$ 12.525,00
(=) LAJUR	R$ 112.707,50
(–) Despesas financeiras	R$ 12.345,50
(=) Resultado antes do IR	R$ 100.362,00
(–) Provisão para o IR	R$ 20.072,40
(=) Lucro líquido	R$ 80.289,60

5. Com base em cada um dos índices apresentados abaixo, compare as empresas, que pertencem ao mesmo setor, e indique, em sua opinião, qual apresenta a melhor situação financeira, fazendo os comentários que julgar necessários.

ÍNDICES	EMPRESA 1	EMPRESA 2
Giro de estoque	22,50	75
Prazo médio de recebimento	120 dias	65 dias
Prazo médio de pagamento	75 dias	100 dias
Índice de endividamento geral	43%	74%
Índice de cobertura de juros	1,85	2,85
Rentabilidade do capital próprio (ROE)	25,96%	62,55%

6. Preencha a 4ª coluna do DRE abaixo com os percentuais obtidos através da análise horizontal e, após, faça as análises e comentários que julgar necessário.

Demonstrações do Resultado – Exercícios findos em 31/12			
DRE	ANO 1	ANO 2	%
Receita bruta de vendas	R$ 4.224.379,00	R$ 4.576.356,00	
Impostos e deduções sobre as vendas	R$ 595.534,00	R$ 612.657,00	
Receita líquida	R$ 3.628.845,00	R$ 3.963.699,00	
Custo das mercadorias vendidas	R$ 3.086.524,00	R$ 3.418.791,00	
Lucro bruto	R$ 542.321,00	R$ 544.908,00	
Despesas operacionais			
Pessoal	R$ 143.121,00	R$ 150.696,00	
Depreciação	R$ 88.517,00	R$ 105.646,00	
Promoções	R$ 28.324,00	R$ 29.880,00	
Gerais	R$ 149.625,00	R$ 154.765,00	
Lucro operacional	R$ 132.734,00	R$ 103.921,00	
Receitas financeiras	R$ 21.250,00	R$ 8.762,00	
Despesas financeiras	R$ 24.084,00	R$ 37.819,00	
LAIR	R$ 129.900,00	R$ 74.864,00	
IR	R$ 37.306,00	R$ 13.051,00	
Lucro líquido	R$ 92.594,00	R$ 61.813,00	

7. Com base no Balanço Patrimonial abaixo, calcule os índices de liquidez (corrente, seca, imediata e geral) e endividamento (geral, curto prazo e longo prazo). Elabore um parecer a respeito da evolução destes índices ao longo dos três anos citados:

BALANÇO PATRIMONIAL			
Ativo	31/12/X1	31/12/X2	31/12/X3
ATIVO CIRCULANTE	R$ 300.000,00	R$ 750.000,00	R$ 1.050.000,00
Disponibilidades	R$ 1.500,00	R$ 1.500,00	R$ 1.500,00
Aplicações Financeiras	R$ 73.500,00	R$ 148.500,00	R$ 12.000,00
Duplicatas a Receber	R$ 75.000,00	R$ 300.000,00	R$ 586.500,00
Estoques	R$ 150.000,00	R$ 300.000,00	R$ 450.000,00
ATIVO NÃO CIRCULANTE	R$ 750.000,00	R$ 450.000,00	R$ 150.000,00
Contas a Receber	R$ 748.500,00	R$ 448.500,00	R$ 148.500,00
Outros	R$ 1.500,00	R$ 1.500,00	R$ 1.500,00
ATIVO PERMANENTE	R$ 300.000,00	R$ 600.000,00	R$ 900.000,00
Imóveis	–	R$ 300.000,00	R$ 300.000,00
Máquinas	R$ 300.000,00	R$ 300.000,00	R$ 600.000,00
TOTAL DO ATIVO	R$ 1.350.000,00	R$ 1.800.000,00	R$ 2.100.000,00
Passivo	31/12/X1	31/12/X2	31/12/X3
PASSIVO CIRCULANTE	R$ 150.000,00	R$ 300.000,00	R$ 750.000,00
Fornecedores	R$ 135.000,00	R$ 285.000,00	R$ 735.000,00
Outros	R$ 15.000,00	R$ 15.000,00	R$ 15.000,00
PASSIVO NÃO CIRCULANTE	R$ 900.000,00	R$ 600.000,00	R$ 750000,00
Fornecedores	R$ 300.000,00	R$ 450.000,00	R$ 750.000,00
Instituições Bancárias	R$ 600.000,00	R$ 150.000,00	–
PATRIMÔNIO LÍQUIDO	R$ 300.000,00	R$ 900.000,00	R$ 600.000,00
Capital Social	R$ 255.000,00	R$ 255.000,00	R$ 255.000,00
Reservas	R$ 30.000,00	R$ 30.000,000	R$ 30.000,00
Lucros ou prejuízos acumulados	R$ 15.000,00	R$ 615.000,00	R$ 315.000,00
TOTAL DO PASSIVO	R$ 1.350.000,00	R$ 1.800.000,00	R$ 2.100.000,00

8. Analise as demonstrações abaixo e comente sobre a situação financeira da empresa durante os três anos retratados, considerando a liquidez, atividade, endividamento e rentabilidade (calcule os seguintes índices: liquidez corrente, liquidez seca, giro de estoque, prazo médio de recebimento e de pagamento, giro do ativo, endividamento geral, cobertura de juros, margem de lucro líquido, retorno do ativo e retorno do capital próprio).

Obs.: considere o estoque inicial de 31/12/X1 como R$ 13.800,00.

ATIVO	31.12.X1	31.12.X2	31.12.X3
Ativo Circulante	R$ 111.049,53	R$ 141.441,83	R$ 209.255,01
Caixa	R$ 6.664,03	R$ 27.586,19	R$ 11.507,05
Bancos	R$ 9.769,38	R$ 16.785,97	R$ 23.460,00
Aplicações Financeiras			R$ 53.637,91
Duplicatas a receber	R$ 78.217,02	R$ 76.767,56	R$ 83.702,85
Estoques	R$ 15.707,85	R$ 20.302,11	R$ 36.947,20
Impostos a recuperar	R$ 691,25		
Ativo Não Circulante	R$ 10.537,05		
Outros valores operacionais	R$ 10.537,05		
Ativo Permanente	R$ 16.630,13	R$ 17.837,63	R$ 74.592,30
Investimentos	R$ 2.153,18	R$ 2.153,18	R$ 2.153,18
Imóvel			R$ 56.203,95
Veículos	R$ 15.600,72	R$ 15.600,72	R$ 15.600,72
Imobilizado	R$ 9.885,34	R$ 11.092,84	R$ 11.643,56
Depreciação	(R$ 11.009,11)	(R$ 11.009,11)	(R$ 11.009,11)
Total do Ativo	R$ 138.216,71	R$ 159.279,46	R$ 283.847,31

PASSIVO	31.12.X1	31.12.X2	31.12.X3
Passivo Circulante	R$ 53.779,33	R$ 55.260,43	R$ 135.117,32
Fornecedores	R$ 25.149,75	R$ 18.919,66	R$ 85.879,36
Obrigações fiscais a recolher	R$ 25.867,87	R$ 32.938,22	R$ 44.454,79
Contas apagar	R$ 2.761,71	R$ 3.402,55	R$ 4.783,17
Passivo Não Circulante			R$ 4.025,00
Empréstimos			R$ 4.025,00
Patrimônio Líquido	R$ 84.437,38	R$ 104.019,03	R$ 144.704,99
Capital social	R$ 46 000,00	R$ 46.000,00	R$ 46.000,00
Reservas de capital e de lucro	R$ 7.418,73	R$ 7.418,73	R$ 7.418,73
Lucros ou Prejuízos acumulados	R$ 40.958,74	R$ 33.955,21	R$ 53.281,93
Resultado do exercício	(R$ 9.940,09)	R$ 16.645,09	R$ 38.004,33
Total do Passivo	R$ 138.216,71	R$ 159.279,46	R$ 283.847,31

DRE	31.12.X1	31.12.X2	31.12.X3
Receita de vendas	R$ 696.625,38	R$ 759.997,14	R$ 898.805,88
(–) CPV	R$ 567.362,77	R$ 588.475,56	R$ 678.057,25
(=) Lucro bruto	R$ 129.262,61	R$ 171.521,58	R$ 220.748,63
(–) Despesas operacionais	R$ 137.755,65	R$ 141.230,99	R$ 170.452,94
(=) Lucro operacional	(R$ 8.493,04)	R$ 30.290,59	R$ 50.295,69
(–) Despesas financeiras	R$ 1.447,05	R$ 10.708,94	R$ 5.584,72
(=) LAIR	(R$ 9.940,09)	R$ 19.581,65	R$ 44.710,97
(–) IR		R$ 2.936,56	R$ 6.706,64
(=) Lucro líquido	(R$ 9.940,09)	R$ 16.645,09	R$ 38.004,33

3

Influência da Depreciação no Fluxo de Caixa

No decorrer dos Capítulos 1 e 2, trabalhamos com a construção e análise do Balanço Patrimonial e do Demonstrativo de Resultado do Exercício (DRE), os quais são elaborados de acordo com o regime de competência e, por isso, classificamos como demonstrativos contábeis. A partir de agora, passaremos a abordar um dos principais instrumentos de gestão financeira empresarial, ou seja, o fluxo de caixa, que retrata o que efetivamente entra e sai do caixa em cada um dos períodos que estiverem sendo analisados.

Abaixo, é demonstrado um exemplo de fluxo de caixa:

Dia	Entrada de caixa	Saída de caixa	Saldo
05	R$ 1.500,00		R$ 1.500,00
06		R$ 850,00	R$ 650,00
10		R$ 320,00	R$ 330,00
15		R$ 156,00	R$ 174,00

Para os cálculos financeiros, costuma-se representar o fluxo de caixa através de um diagrama, conforme indicado a seguir:

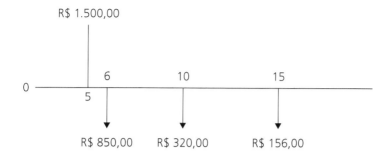

As setas para cima representam as entradas de caixa, como no caso do recebimento dos R$ 1.500,00 no dia 5. As setas para baixo, por sua vez, representam as saídas de caixa, que ocorrem nos dias 6, 10 e 15 do mesmo mês.

O fluxo de caixa é um instrumento fundamental na gestão financeira empresarial, pois permite verificar a liquidez e a real necessidade de caixa da empresa. Entretanto, quando pensamos em gestão, não podemos apenas trabalhar com o fluxo de caixa já realizado, e sim projetar o fluxo de caixa durante um certo período, o que proporcionará maior segurança em termos de reserva de caixa e liquidez. Denominamos essa projeção do fluxo de caixa de orçamento de caixa, assunto que será desenvolvido com maior grau de detalhamento ao longo do próximo capítulo, pois, primeiramente, é necessário compreendermos as suas características e o seu processo de elaboração.

A seguir, um modelo de Fluxo de Caixa Empresarial:

	Semana 1	Semana 2	Semana 3	Semana 4
ENTRADAS DE CAIXA				
Vendas				
Outros				
(–) SAÍDAS DE CAIXA				
Impostos sobre vendas				
Fornecedores				
Pró-labore				
Salários				
Encargos				
Água				
Luz				
Telefone				
Despesas de marketing				
Despesas financeiras				
Comissões a vendedores				
Despesas com veículos				
Compra de equipamentos				
Outras despesas				
(=) FLUXO LÍQUIDO DE CAIXA				
(+) SALDO INICIAL DE CAIXA				
(=) SALDO FINAL DE CAIXA				
(–) SALDO MÍNIMO DE CAIXA				
(=) SALDO EXCEDENTE DE CAIXA				
(=) FINANCIAMENTO				

Conforme pode ser verificado, além dos recebimentos e pagamentos, os quais devem ser lançados de acordo com as movimentações efetivas de caixa, há um item denominado "Saldo Mínimo de Caixa", o qual indica o valor que deve permanecer como reserva ou margem de segurança, para que a empresa possa honrar suas despesas correntes e minimizar eventuais imprevistos que possam comprometer sua produção, por exemplo. Portanto, a subtração do saldo de caixa (diferença entre os recebimentos e pagamentos de um determinado período) pelo saldo mínimo de caixa resultará no saldo final do fluxo de caixa, o qual poderá ser negativo ou positivo.

3.1 FLUXO DE CAIXA OPERACIONAL, FINANCEIRO E DE INVESTIMENTO

De forma a facilitar o controle e o acompanhamento do fluxo de caixa por parte do gestor, é possível subdividi-lo em operacional, financeiro e de investimento. O fluxo operacional refere-se às entradas e saídas de caixa relacionadas à produção, ou seja, ao negócio principal da empresa o fluxo de investimento compõe-se de investimentos realizados no ativo imobilizado e o fluxo financeiro abrange a obtenção e a destinação dos recursos financeiros. Abaixo, alguns exemplos referentes a cada um dos fluxos relatados:

- Fluxo de Caixa Operacional: pagamento de salários, compra de matéria-prima, pagamento de impostos, recebimento das vendas etc.;
- Fluxo de Caixa de Investimento: compra e venda de ativos imobilizados e participações societárias em outras empresas (compra de equipamentos, compra de veículos, compra de ações etc.);
- Fluxo de Caixa Financeiro: entradas e saídas de caixa relacionadas à necessidade de financiamentos (seja com recursos próprios ou de terceiros) ou à aplicação dos eventuais recursos excedentes (empréstimos bancários e aplicações financeiras).

	Semana 1	Semana 2	Semana 3	Semana 4
FLUXO DE CAIXA OPERACIONAL				
(+) Vendas				
(+) Outros				
(−) Impostos sobre vendas				
(−) Fornecedores				
(−) Pró-labore				
(−) Salários				
(−) Encargos				
(−) Água				
(−) Luz				
(−) Telefone				
(−) Despesas de marketing				
(−) Comissões a vendedores				
(−) Despesas com veículos				
FLUXO DE CAIXA DE INVESTIMENTO				
(−) Compra de equipamentos				
(+) Venda de equipamentos				
FLUXO DE CAIXA FINANCEIRO				
(+) Empréstimos bancários				
(+) Rendimento de aplicações financeiras				
(−) Despesas financeiras				
(=) FLUXO LÍQUIDO DE CAIXA				
(+) SALDO INICIAL DE CAIXA				
(=) SALDO FINAL DE CAIXA				
(−) SALDO MÍNIMO DE CAIXA				
(=) FINANCIAMENTO/SALDO EXCEDENTE				

3.2 DEPRECIAÇÃO

Não se deve lançar a depreciação no fluxo de caixa, pois se trata de uma despesa contábil. A depreciação nada mais é do que a desvalorização do ativo (veículo, equipamento, móveis e utensílios etc.) em função do seu desgaste ao longo do tempo, valor esse que é apropriado como despesa no Demonstrativo de Resultado do Exercício. Entretanto, como não há o efetivo desembolso da depreciação, não há movimentação de caixa.

Em função do seu lançamento no DRE (Demonstrativo de Resultado do Exercício), conforme já retratado no Capítulo 1, a depreciação gera um efeito positivo no fluxo de caixa empresarial, já que, reduzindo o lucro tributável, proporciona uma economia tributária à empresa. Tal situação, que ocorre para as empresas tributadas com base no lucro real, é demonstrada através dos DREs hipotéticos abaixo:

DRE COM DEPRECIAÇÃO	DRE SEM DEPRECIAÇÃO
Receita – R$ 100.000,00	Receita – R$ 100.000,00
(–) Custo do produto vendido – R$ 35.000,00	(–) Custo do produto vendido – R$ 35.000,00
(=) Lucro bruto – R$ 65.000,00	(=) Lucro bruto – R$ 65.000,00
(–) Despesas operacionais – R$ 30.000,00	(–) Despesas operacionais – R$ 20.000,00
(=) Lucro operacional – R$ 35.000,00	(=) Lucro operacional – R$ 45.000,00
(–) Despesas financeiras – R$ 15.000,00	(–) Despesas financeiras – R$ 15.000,00
(=) LAIR – R$ 20.000,00	(=) LAIR – R$ 30.000,00
(–) Imposto de renda (20%) – R$ 4.000,00	(–) Imposto de renda (20%) – R$ 6.000,00
(=) Lucro líquido – R$ 16.000,00	(=) Lucro líquido – R$ 24.000,00

De forma sintética, os DREs indicados acima ilustram duas situações: a apuração do lucro líquido deduzindo a depreciação e a apuração do lucro líquido sem considerar a depreciação (situação hipotética). Aqui, vamos desconsiderar a diferença entre o regime de caixa e o de competência, supondo que os valores referentes às receitas, custos e despesas já foram integralmente recebidos ou desembolsados. No "DRE com depreciação", percebe-se que as despesas operacionais somam R$ 30.000,00, sendo que, desse valor, R$ 10.000,00 referem-se à depreciação. Em função da contabilização destes R$ 10.000,00, o lucro líquido da empresa será de apenas R$ 16.000,00, entretanto, como a depreciação não constitui uma despesa financeira e, por isso, não sai do caixa, o saldo financeiro será de R$ 26.000,00.

Na situação oposta, visualizada através do "DRE sem depreciação", o lucro líquido da empresa será de R$ 24.000,00. Considerando a hipótese de que não haja diferença entre regime de competência e de caixa, esse também seria o valor disponível para a empresa. Portanto, verifica-se que, ao lançar a despesa de depreciação no DRE, a empresa terá R$ 2.000,00 a mais em caixa, resultado da economia de imposto de renda propiciada pela utilização do benefício fiscal gerado pela própria depreciação. Conforme pode ser observado no "DRE com depreciação", o imposto de renda será de R$ 4.000,00, enquanto no "DRE sem depreciação" o imposto será de R$ 6.000,00.

Portanto, pode-se concluir que a depreciação tem um impacto financeiro positivo, pois gera uma entrada de caixa para a empresa em função da redução do lucro tributável. De acordo com a legislação brasileira, a depreciação deve ser calculada de forma linear (valor do bem / vida útil). Como o objetivo do presente capítulo é apenas identificar qual a influência da depreciação no fluxo de caixa, não abordaremos esta ou outras metodologias de cálculo.

3.3 PERGUNTAS E PROBLEMAS PROPOSTOS PARA A FIXAÇÃO DOS CONCEITOS APRESENTADOS

1. Suponha que você precise adquirir um novo equipamento para sua empresa no valor de R$ 57.000,00. Antes de tomar a decisão a respeito da compra deste equipamento, você projetou o fluxo de caixa

durante um período de 4 anos, estimando entradas de caixa anuais, já deduzindo os custos de manutenção e operação, de R$ 21.100,00. Considerando que o equipamento será totalmente depreciado após os 4 anos de uso (depreciação linear) e que a alíquota do IR é de 25%; complete a tabela indicada:

PERÍODO	FLUXO DE CAIXA ANTES DO IR	DEPRECIAÇÃO	RENDA TRIBUTÁVEL	IR	FLUXO DE CAIXA APÓS O IR
0 – Investimento	R$ 57.000,00				
1	R$ 21.100,00				
2	R$ 21.100,00				
3	R$ 21.100,00				
4	R$ 21.100,00				

2. A depreciação é uma despesa contábil ou financeira? Explique a sua influência no fluxo de caixa empresarial.

3. Classifique os itens abaixo como pertencentes ao fluxo de caixa operacional, de investimento ou de financiamento:

   I – Aumento de ativo permanente.

   II – Redução de contas a pagar.

   III – Pagamento de dividendos.

   IV – Compra de ações de outras empresas.

   V – Pagamento de salários.

4

Orçamento de Caixa

Quando se fala em Análise de Viabilidade Financeira, um instrumento de trabalho fundamental para o gestor financeiro é o fluxo de caixa projetado, ou seja, o orçamento de caixa. Não há como aprovar a implantação de um projeto de investimento para a abertura de uma nova filial, por exemplo, se os responsáveis pelo processo decisório na matriz não tiverem informações a respeito da estimativa de geração de caixa desta filial nos próximos anos.

Portanto, conforme já mencionado nos capítulos anteriores, apesar das informações obtidas através das demonstrações contábeis, o fluxo de caixa é a principal ferramenta de trabalho da área financeira, visto que retrata a liquidez empresarial. Entretanto, a partir do momento em que começamos a projetar o fluxo de caixa, uma série de dificuldades aparece, visto que nem sempre podemos nos basear apenas no histórico de pagamentos e recebimentos, já que o mercado é extremamente dinâmico e, por isso, uma infinidade de outras variáveis deve ser considerada.

Ao elaborar um orçamento de caixa, o gestor deve estar atento às variáveis econômicas, políticas, tributárias, ambientais, legais, entre outras. Por exemplo, projetar um fluxo de caixa sem considerar a taxa de juros da economia, bem como suas perspectivas para o curto, médio e longo prazo, é omitir um dado importantíssimo no processo decisório. Como projetar aumento de vendas se a tendência é de um aumento na taxa básica de juros? Como projetar investimentos com recursos oriundos de empréstimos bancários se a perspectiva é de aumento no custo de capital? Essas questões devem ser debatidas e consideradas no processo de planejamento.

Sabemos que um aumento na taxa básica de juros contribui para a elevação do custo de capital, ou seja, dos juros pagos nos empréstimos bancários, por exemplo. Dessa forma, com o dinheiro mais caro, a tendência é de que haja menos investimentos nos setores produtivos, fazendo com que o dinheiro circule em menor quantidade. Por consequência, geram-se menos empregos, diminuindo a renda e o consumo, ou seja, desaquecendo a economia. Como não considerar essas questões ao desenvolver planos de investimento, sejam a curto, médio ou longo prazo? Como não considerar a evolução do PIB (Produto Interno Bruto) de uma determinada região antes de investir?

Isso sem falar nos aspectos mercadológicos, ou seja, definição de público-alvo, preço do produto ou serviço, demanda, concorrência etc. Sendo assim, a projeção do fluxo de caixa, ferramenta fundamental para a análise da implantação de qualquer projeto, é uma das tarefas mais difíceis e penosas do gestor financeiro, já que é preciso trabalhar com uma série de informações que nem sempre estão à mão.

Como alternativa, existem alguns *softwares* específicos que trabalham com a metodologia de desenvolvimento de cenários, principalmente, a médio e longo prazo. Entretanto, tal tecnologia tem se demonstrado bastante cara, principalmente para os pequenos empresários, não lhes restando alternativa senão manter uma ótima rede de relacionamentos, monitorar e atualizar constantemente as informações relativas ao mercado de forma a aprimorar sua visão periférica e conhecer profundamente o seu negócio. Talvez por essas razões, muitas pequenas empresas ainda não tenham um controle adequado sobre o seu fluxo de caixa.

O desenvolvimento do fluxo de caixa projetado contribui para a redução dos riscos operacional e financeiro, ou seja, a possibilidade de não haver recursos para o cumprimento das obrigações assumidas. É claro que o orçamento de caixa não exime o gestor de eventuais inconsistências ou desencaixes, por isso, o processo de acompanhamento é de fundamental importância para que os resultados comecem a ser visualizados. Nenhum planejamento, por si só, trará resultados imediatos, nem tão pouco efetivos, se não houver o acompanhamento, a verificação e a avaliação do que foi projetado ou proposto. Para tanto, sempre deve existir a comparação entre o fluxo de caixa projetado e o fluxo de caixa realizado, efetuando-se os ajustes e as correções necessárias.

Muitos entendem que o fluxo de caixa deve ser projetado por um curto período de tempo, de três a seis meses, até mesmo pela dificuldade de reunir todas essas variáveis por um prazo superior. Alguns setores ou empresas, como as públicas, por exemplo, conseguem trabalhar com um período de projeção maior, muitas vezes de até dois anos, entretanto, não estão sujeitas à mesma volatilidade das empresas privadas e já têm parâmetros mais definidos para custeio e investimento. O certo é que, independentemente do período ao qual se refere, o orçamento de caixa é um instrumento imprescindível para a área financeira, principalmente quando se fala em análise de viabilidade financeira.

4.1 PREPARAÇÃO DE UM ORÇAMENTO DE CAIXA

Para a elaboração do orçamento de caixa (fluxo de caixa projetado), deve-se considerar sempre o regime de caixa, ou seja, registrar os pagamentos e recebimentos na data em que efetivamente irão ocorrer. Abaixo seguem alguns exemplos:

4.1.1 Quadro de recebimentos

Supondo-se uma previsão de faturamento de R$ 180.000,00 mensais no próximo trimestre e considerando-se que o prazo médio de recebimento (PMR) da empresa é de 3 meses (30/60/90), o orçamento de caixa deve começar a ser elaborado conforme abaixo:

	Mês 01	Mês 02	Mês 03	Mês 04	Mês 05
Com 30 dias	60.000,00	60.000,00	60.000,00		
Com 60 dias		60.000,00	60.000,00	60.000,00	
Com 90 dias			60.000,00	60.000,00	60.000,00
Total	60.000,00	120.000,00	180.000,00		

Observa-se que o faturamento do trimestre será recebido integralmente apenas no 5º mês, em função do PMR da empresa.

4.1.2 Quadro de pagamentos

A regra para a projeção dos pagamentos é a mesma, entretanto a quantidade de contas a pagar, normalmente, é significativamente maior. Abaixo, seguem alguns dados para a elaboração do quadro de pagamentos:

- a empresa está projetando gastos mensais com fornecedores de R$ 72.000,00, R$ 59.500,00 e R$ 65.400,00 respectivamente, para o próximo trimestre;
- a empresa adota um prazo médio de pagamento de 2 meses, ou seja, 30/60;
- no terceiro mês da projeção, estima-se um pagamento de impostos no valor de R$ 15.200,00;
- o aluguel mensal dos equipamentos está em R$ 6.800,00;
- os gastos com mão de obra implicam em R$ 10.500,00 mensais;
- a empresa irá efetuar a compra de uma nova máquina no segundo mês da projeção, no valor de R$ 23.800,00, com 50% do pagamento à vista e 50% para 30 dias.

Como fica o quadro de pagamentos:

	Mês 01	Mês 02	Mês 03	Mês 04
Fornecedores 30 dias	36.000,00	29.750,00	32.700,00	
Fornecedores 60 dias		36.000,00	29.750,00	32.700,00
Impostos			15.200,00	
Equipamentos	6.800,00	6.800,00	6.800,00	
Mão de obra	10.500,00	10.500,00	10.500,00	
Investimento		11.900,00	11.900,00	
Total	53.300,00	94.950,00	106.850,00	

4.1.3 Apuração do saldo

A junção dos recebimentos e pagamentos projetados resultará no saldo de caixa. Considerando os quadros de recebimento e pagamento expostos, o saldo de caixa ao final do trimestre resultaria em:

	Mês 01	Mês 02	Mês 03
Recebimentos	R$ 60.000,00	R$ 120.000,00	R$ 180.000,00
(–) Pagamentos	R$ 53.300,00	R$ 94.950,00	R$ 106.850,00
(=) Fluxo líquido de caixa	R$ 6.700,00	R$ 25.050,00	R$ 73.150,00
(+) Saldo inicial de caixa		R$ 6.700,00	R$ 31.750,00
(=) Saldo final de caixa		R$ 31.750,00	R$ 104.900,00

Recomenda-se que a empresa mantenha um saldo mínimo de caixa para despesas correntes, conforme foi exposto no capítulo anterior. Nesse caso, o saldo mínimo deve ser deduzido do saldo final de caixa para a apuração do resultado (saldo excedente, quando há sobra de recursos, ou financiamento, quando há escassez de recursos).

Parece claro que a atividade mais complicada não é a operacionalização do fluxo de caixa, e sim o desenvolvimento de cenários para a sua projeção. Deixamos claro que a questão de desenvolvimento de cenários não é o objetivo desta obra, e sim a operacionalização e o desenvolvimento do fluxo de caixa, bem como o correto entendimento da sua importância no processo de planejamento financeiro. A partir do conceito de orçamento de caixa é que serão desenvolvidos os próximos capítulos, pois a projeção de caixa é a base para o cálculo das técnicas de análise de investimento.

4.2 PERGUNTAS E PROBLEMAS PROPOSTOS PARA A FIXAÇÃO DOS CONCEITOS APRESENTADOS

1. A projeção para as vendas e compras de uma empresa do setor de cosméticos está no quadro abaixo. Os meses de julho e agosto referem-se a valores já realizados.

Ano	Mês	Vendas	Compras
1	Julho	R$ 205.000,00	R$ 120.000,00
1	Agosto	R$ 250.000,00	R$ 150.000,00
1	Setembro	R$ 170.000,00	R$ 140.000,00
1	Outubro	R$ 165.000,00	R$ 100.000,00
1	Novembro	R$ 135.000,00	R$ 80.000,00
1	Dezembro	R$ 180.000,00	R$ 110.000,00
2	Janeiro	R$ 205.000,00	R$ 100.000,00
2	Fevereiro	R$ 250.000,00	R$ 90.000,00

A empresa faz 20% de suas vendas a vista e recebe o pagamento de 40% delas em cada um dos dois meses seguintes. O pagamento é feito da seguinte forma: 10% a vista, 50% no mês seguinte e os 40% restantes, dois meses após as compras.

Os salários e demais vencimentos totalizam 20% das vendas do mês anterior. A empresa paga R$ 20.000,00 de aluguel por mês. Pagamentos de juros de R$ 10.000,00 vencem em janeiro e em fevereiro. Um pagamento de amortização de dívidas no valor de R$ 30.000,00 também deve ser feito em fevereiro. A empresa pagará impostos no valor de R$ 60.000,00 em fevereiro e deverá fazer uma compra de mobiliário no valor de R$ 25.000,00, a vista, em dezembro.

Pede-se: Supondo que a empresa queira manter um saldo mínimo de caixa de R$ 18.000,00, elabore o orçamento de caixa para os meses de setembro a fevereiro e determine o financiamento total necessário ou o saldo de caixa excedente para cada mês. A empresa inicia o mês de setembro com um saldo em caixa de R$ 22.000,00.

2. Projete o fluxo de caixa da empresa "ABC" considerando as informações abaixo:
   - será realizado um investimento de R$ 34.000,00 na ampliação das instalações físicas, os quais serão pagos em 4 parcelas iguais, já a partir do próximo mês;
   - a empresa espera manter o seu faturamento nos próximos dois meses, o que representa vendas de R$ 32.000,00 mensais. Entretanto, para os 3º e 4º meses da projeção, espera-se que o faturamento aumente para R$ 38.000,00. Sabe-se que a empresa recebe 50% de suas vendas a vista e 50% com 30 dias;
   - para os próximos quatro meses, a empresa terá de comprar 2.000 unidades/mês a um custo variável unitário de R$ 10,00;
   - as despesas operacionais representam uma saída mensal de caixa de R$ 1.780,00;
   - no terceiro mês da projeção, a empresa terá de quitar um empréstimo no valor de R$ 2.950,00;
   - no segundo mês da projeção, a empresa terá de efetuar o pagamento dos impostos, cujo valor estimado é de 9.200,00.

   Sabendo que o saldo atual em caixa é de R$ 47.000,00 e que o saldo mínimo de caixa deve ser de R$ 8.500,00, elabore o orçamento de caixa, indicando se haverá saldo excedente ou necessidade de financiamento ao final do período. Indique, também, se as entradas e saídas de caixa relacionadas acima correspondem aos fluxos operacional, de investimento ou financeiro.

3. Explique, em linhas gerais, em que consiste e qual a importância do orçamento de caixa para o planejamento financeiro da empresa. Que benefícios podem ser obtidos com a utilização dessa ferramenta?

5

Avaliação de Projetos de Investimento

Um dos objetivos deste livro é a análise da viabilidade financeira de projetos de investimento, conforme já mencionado anteriormente. Em primeiro lugar, é preciso estimar o fluxo de caixa projetado para a vida útil do projeto e, com base nessas informações, é possível efetuar o cálculo de algumas técnicas de análise de investimentos, as quais darão suporte para a aceitação ou rejeição do projeto em estudo por parte da empresa.

Entre as técnicas de investimento que serão abordadas nas próximas páginas estão o *payback* descontado, o valor presente líquido (VPL), a taxa interna de retorno (TIR), o valor presente líquido anualizado (VPLA), o índice benefício-custo (IBC) e o retorno adicionado ao investimento (ROIA).

5.1 *PAYBACK* × *PAYBACK* DESCONTADO

O cálculo do *payback*, como o próprio nome sugere, demonstra em quanto tempo o investimento será recuperado. Quanto menor o *payback*, maior a liquidez do projeto e, portanto, menor o seu risco. A seguir, dois exemplos de fluxos de caixa projetados, os quais serão analisados de acordo com a técnica do *payback*:

PERÍODO (ANOS)	INVESTIMENTO 1	INVESTIMENTO 2
0	(R$ 55.000,00)	(R$ 55.000,00)
1	R$ 12.000,00	R$ 18.500,00
2	R$ 16.200,00	R$ 23.400,00
3	R$ 26.700,00	R$ 16.500,00
4	R$ 23.300,00	R$ 19.900,00
5	R$ 10.000,00	R$ 10.100,00

Ao analisar os dois orçamentos de caixa acima indicados, percebe-se que o *payback* do segundo projeto (investimento 2) é inferior ao do primeiro. Abaixo, segue a indicação dos cálculos:

Primeiro projeto:

Investimento 1: R$ 12.000,00 + R$ 16.200,00 + R$ 26.700,00 = R$ 54.900,00.

Portanto, o investimento será recuperado num período superior a três anos, visto que, até o terceiro ano, o valor de caixa gerado representa R$ 54.900,00. Para a obtenção da fração do quarto ano, costuma-se utilizar o cálculo proporcional, conforme abaixo:

- valor a ingressar em caixa durante o 4º ano: R$ 23.300,00;
- valor ainda necessário para recuperar o investimento inicial: R$ 100,00;
- cálculo da fração de tempo proporcional: R$ 100,00 / R$ 23.300,00 = 0,0043 × 100 = 0,43%;
- ou seja, o período de recuperação do investimento 1 é de 3,0043 anos, ou 3 anos e 0,43% do 4º ano.

Segundo projeto:

Investimento 2: R$ 18.500,00 + R$ 23.400,00 + R$ 16.500,00 = R$ 58.400,00.

Nesse caso, será necessário um período menor do que três anos para a recuperação do valor investido. O cálculo proporcional está exemplificado a seguir:

- valor a ingressar em caixa durante o 3º ano: R$ 16.500,00;
- valor ainda necessário para recuperar o investimento inicial: R$ 13.100,00 (R$ 55.000,00 – R$ 41.900,00);
- cálculo da fração de tempo proporcional: R$ 13.100,00/R$ 16.500,00 = 0,79 × 100 = 79%;
- ou seja, o período de recuperação do investimento 2 é de 2,79 anos, ou seja, 2 anos e 79% do 3º ano.

Embora não deixe de representar um parâmetro de análise, o cálculo demonstrado acima não pode ser considerado do ponto de vista financeiro, visto que, simplesmente, não leva em conta o princípio básico das finanças, que é o valor do dinheiro no tempo. Não se podem somar, diminuir ou comparar valores financeiros em datas diferentes, pois, dessa forma, estaremos desconsiderando que o saldo de caixa resultante do primeiro ano poderá ser reinvestido, rendendo juros. Ao desconsiderar o valor do dinheiro no tempo, ou o juro, concordamos que é indiferente receber R$ 1.000,00 na data de hoje ou apenas daqui a 1 ano, quando sabemos que o dinheiro na mão pode ser reinvestido, gerando um montante superior ao final desse período.

Portanto, para corrigir esta deficiência utilizamos o *payback* descontado, que nada mais é do que o cálculo do *payback* considerando o valor do dinheiro no tempo. Sendo assim, vamos efetuar os mesmos cálculos apontados acima através do *payback* descontado:

Primeiro projeto:

Primeiro, é necessário descapitalizar os valores, ou seja, trazer todos os fluxos de caixa apurados para a data zero, data base da comparação com o valor inicialmente investido:

$$[R\$\ 12.000,00 / (1 + i)^n]$$
$$+ [R\$\ 16.200,00 / (1 + i)^n]$$
$$+ [R\$\ 26.700,00 / (1 + i)^n] = ?$$

Para tanto, precisamos estipular uma taxa de desconto para efetuarmos a descapitalização dos valores. Vamos, inicialmente, considerar uma taxa de desconto de 10% ao ano e, após a obtenção dos resultados, voltamos a comentar sobre a definição da taxa de juros a ser utilizada.

$$[12.000 / (1 + 0,10)^1]$$
$$+ [16.200 / (1 + 0,10)^2]$$
$$+ [26.700 / (1 + 0,10)^3] = R\$ 44.357,63$$

Como havíamos concluído de acordo com o cálculo primário do *payback*, o projeto não recupera o investimento inicial num prazo inferior a 3 anos. Portanto, devemos efetuar o cálculo da descapitalização da quarta parcela:

$$23.300 / (1 + 0,10)^4 = R\$ 15.914,21$$

Como os valores já descapitalizados encontram-se na mesma data (data base zero), é possível efetuar a soma. Assim conclui-se que, em quatro anos, o projeto recupera R$ 60.271,84, ou seja, R$ 5.271,84 a mais do que o investimento inicial. Para encontrarmos o período exato de recuperação do capital, efetuamos o cálculo proporcional:

- valor a ingressar em caixa durante o 4º ano: R$ 15.914,21;
- valor ainda necessário para recuperar o investimento inicial: R$ 10.642,37 (R$ 55.000,00 – R$ 44.357,63);
- cálculo da fração de tempo proporcional: R$ 10.642,37 / R$ 15.914,21 = 0,67 × 100 = 67%;
- ou seja, o período de recuperação do investimento 1 é de 3,67 anos, ou 3 anos e 67% do 4º ano. Percebe-se que o *payback* descontado apresentou um resultado superior ao *payback*, fato justificável pela utilização da taxa de juros (valor do dinheiro no tempo) de 10% a.a.

Segundo projeto:

Descapitalizando os valores:

$$[R\$ 18.500,00 / (1 + 0,10)^1]$$
$$+ [R\$ 23.400,00 / (1 + 0,10)^2]$$

+ [R$ 16.500,00 / (1 + 0,10)^3]
+ [R$ 19.900,00 / (1 + 0,10)^4] = R$ 62.145,69

A recuperação do capital se dá entre o 3º e o 4º anos. Abaixo o cálculo exato:

- valor a ingressar em caixa durante o 4º ano, já descapitalizado: R$ 13.591,96;
- valor ainda necessário para recuperar o investimento inicial: R$ 6.446,28 (R$ 55.000,00 – R$ 48.553,72);
- cálculo da fração de tempo proporcional: R$ 6.446,28 / R$ 13.591,96 = 0,47 × 100 = 47%;
- ou seja, o período de recuperação do investimento 2 é de 3,47 anos, ou 3 anos e 47% do 4º ano. Percebe-se, novamente, que o *payback* descontado apresentou um resultado superior ao *payback*, portanto, a utilização apenas do método primário do *payback* poderia subdimensionar o período necessário para a recuperação do capital. De qualquer forma, o segundo projeto tem mais liquidez que o primeiro, pois recupera o capital investido em menor tempo.

Daqui em diante, sempre utilizaremos o *payback* descontado, por constituir-se no método mais adequado para análise de investimentos.

5.1.1 Taxa de desconto

Exposta a forma de cálculo do *payback* descontado, ainda é preciso compreender como definir a taxa de desconto a ser utilizada para a descapitalização dos valores orçados no fluxo de caixa. Nos exemplos mencionados anteriormente, adotamos uma taxa de 10% a.a., entretanto, esse procedimento não deve ocorrer de forma aleatória, pois, nesse caso, afetaria a confiabilidade dos resultados levantados pelas técnicas de análise de investimento.

Sendo assim, existem três conceitos passíveis de utilização para a definição da taxa de desconto: taxa mínima de atratividade (TMA), custo de capital e custo de oportunidade. Basicamente, todas elas representam o mínimo que o gestor espera ou precisa ganhar com o projeto.

5.1.1.1 Taxa mínima de atratividade (TMA)

Define-se taxa mínima de atratividade como o retorno mínimo esperado pelo investidor ao implementar seus projetos. Entretanto, ao questionarmos diversos empreendedores, gestores ou investidores sobre a taxa mínima de retorno exigida em seus investimentos, teremos as mais diversas respostas possíveis, visto que esta definição depende, também, do perfil do próprio investidor.

Por exemplo, um investidor com perfil mais agressivo certamente não se contentará com taxas próximas à taxa básica de juros, ou seja, taxas ofertadas pelos bancos em aplicações financeiras de baixo risco, entretanto, um investidor com um perfil moderado ou conservador poderia considerar essas taxas como satisfatórias. O certo é que, ao determinar a TMA, o gestor ou o investidor devem analisar o mercado, o cenário econômico, a rentabilidade ofertada por projetos da mesma natureza e o prêmio pelo risco de se investir no mercado produtivo e não no mercado financeiro.

Outras variáveis também podem influenciar na determinação da TMA, como, por exemplo, o projeto de vida e a responsabilidade social do empreendedor. Muitos empreendedores contentam-se com um rendimento apenas razoável, um pouco acima da rentabilidade ofertada pelos bancos em aplicações de baixo risco, pois, além do aspecto financeiro, também levam em conta a responsabilidade social perante a sua força de trabalho e o amor pelo que fazem. Essas questões, por sua vez, não condizem com as expectativas de um investidor, que certamente irá considerar a variável financeira como preponderante e exigir um prêmio pelo risco, ou seja, uma taxa consideravelmente maior que as ofertadas no mercado financeiro.

É importante ressaltar que, nem sempre, os projetos de investimento serão custeados com recursos próprios. Aliás, na maioria das vezes, principalmente quando se fala em grandes empresas, não é isso o que acontece. Sendo assim, o retorno mínimo do projeto não pode ser o mesmo caso fosse custeado com recursos próprios, visto que o risco do investimento é muito maior.

Nesses casos, a taxa mínima de retorno passa a ser o juro pago pela empresa no empréstimo bancário mais o prêmio pelo risco do investimento.

5.1.1.2 Custo de capital

Custo de capital é o custo do dinheiro que foi aportado em um determinado investimento, ou seja, a remuneração que deve ser obtida sobre o capital investido. Compõe-se, em linhas gerais, do custo do dinheiro em si, ou seja, o que se deixa de ganhar no mercado financeiro ou em outro investimento preterido, ou o juro que se paga pelo capital emprestado, mais o prêmio pelo risco do negócio. Além disso, também devem ser considerados o risco de crédito, o risco cambial e o risco país. A literatura financeira traz algumas metodologias de cálculo para a obtenção do custo de capital, mas a mais difundida é o Modelo de Precificação de Ativos Financeiros (CAPM), desenvolvido por William Sharpe e John Lintner. Cabe esclarecer que não é objetivo desta obra revisar ou esclarecer tal metodologia de cálculo e, portanto, a mesma não será abordada com maior nível de detalhamento. O que se deve frisar é que se a perspectiva de rentabilidade for inferior ao custo de capital estabelecido, não vale a pena implementar o projeto, pois o capital não remunera o risco do investimento. Sendo assim, pode-se perceber que os conceitos de taxa mínima de atratividade (TMA) e custo de capital se complementam, pois, na verdade, o custo de capital acaba sendo utilizado como taxa mínima de atratividade para a seleção dos projetos.

5.1.1.3 Custo de oportunidade

O termo *custo de oportunidade* refere-se ao rendimento que seria obtido com a segunda melhor opção de investimento disponível. Quando falamos sobre análise de investimentos, pressupõe-se que nunca há apenas uma única oportunidade de investimento, pois, mesmo que não haja outros projetos em questão no mercado produtivo, sempre há a possibilidade de investir o dinheiro no mercado financeiro. Sendo assim, as oportunidades de investimento devem ser comparadas entre si e aquela com rentabilidade projetada superior deve ser selecionada.

Novamente, os conceitos "Taxa Mínima de Atratividade", "Custo de Capital" e "Custo de Oportunidade" se complementam. Caso não estejam sendo analisados outros investimentos no setor produtivo, o custo de oportunidade seria, no mínimo, o rendimento do mercado financeiro mais um prêmio pelo risco, que também pode ser compreendido como custo de capital ou TMA. Entretanto, caso houvesse outros investimentos no setor produtivo em análise, o custo de oportunidade seria o rendimento ofertado pela segunda melhor alternativa para a alocação dos recursos, que, nesse caso, poderia ser superior ao custo de capital e à TMA.

5.1.2 Deficiências observadas na utilização do método do *payback* descontado

Embora a principal deficiência do *payback* tenha sido corrigida com a utilização do método do *payback* descontado, algumas questões ainda precisam ser abordadas.

5.1.2.1 Determinação subjetiva do período máximo aceitável para a recuperação do capital

Revendo os exemplos de cálculo do *payback* descontado apresentados no subitem 5.1, concluímos que o investimento 1 será recuperado em 3,67 anos, enquanto o investimento 2, em 3,47 anos. Se tivéssemos de optar por um entre esses dois projetos, parece claro que, tomando por base apenas o *payback* descontado, o investimento 2, por recuperar o capital em menor tempo, apresenta maior liquidez e, portanto, menor risco, devendo ser o escolhido. Entretanto, como saber se o prazo de 3,47 anos é aceitável? Qual seria o limite?

Pois bem, essa é uma das limitações do método do *payback* descontado e um dos problemas ao se considerar somente essa técnica como base para decisão de investimentos. Muitas vezes, o próprio gestor ou empreendedor é quem determina o prazo limite para a recuperação do capital investido, sem levar em consideração todas as variáveis necessárias e comprometendo os resultados obtidos. Tal informação é fundamental para a validade do método do *payback* descontado como técnica de análise de investimento, pois irá influenciar diretamente nos critérios de decisão, conforme exposto a seguir:

- caso o *payback* descontado apresente como resultado um período inferior ao prazo máximo estipulado para a recuperação do capital, o projeto deve continuar sendo analisado;

- caso o *payback* descontado apresente como resultado um período superior ao prazo máximo estipulado para a recuperação do capital, o projeto não é viável.

Portanto, um parâmetro mal dimensionado pode influenciar diretamente na escolha de um projeto deficitário ou na renúncia de um projeto superavitário. Para amenizar essa deficiência, convém que o gestor/empreendedor avalie outros projetos/empreendimentos da mesma natureza e conheça o mercado, pois só assim conseguirá definir um limite aceitável e factível para a recuperação do capital investido.

5.1.2.2 Desconsideração dos valores gerados após a recuperação do capital

Sabemos que não se pode ter uma definição correta de qual o melhor projeto de investimento tomando-se por base apenas uma técnica de análise, já que elas se complementam. No caso do *payback* descontado, por exemplo, se olharmos apenas o resultado, um projeto com *payback* de três anos seria preferível a um projeto com *payback* de quatro anos, entretanto, temos de considerar os fluxos de caixa gerados após a recuperação do investimento, pois um projeto com menor período de *payback* pode ter uma redução substancial da geração de caixa após a recuperação do investimento, comprometendo, assim, o seu resultado.

Como exemplo, vamos considerar os fluxos de caixa indicados a seguir:

Ano	Projeto A	Projeto B
0	(R$ 75.000,00)	(R$ 75.000,00)
1	R$ 32.000,00	R$ 25.000,00
2	R$ 30.000,00	R$ 23.000,00
3	R$ 28.000,00	R$ 22.000,00
4	R$ 2.000,00	R$ 27.500,00

Cálculo do *payback* descontado, considerando uma TMA de 8% a.a.:

- Projeto A: $[32000 / (1 + 0{,}08)^1]$
  $+ [30000 / (1 + 0{,}08)^2]$
  $+ [28000 / (1 + 0{,}08)^3]$ = R$ 77.577,09

Verifica-se que o projeto recupera o valor investido em menos de 3 anos. Segue o cálculo proporcional:

Valor recuperado até o 2º ano: R$ 55.349,79

Valor ainda restante: R$ 19.650,21

Valor a ingressar em caixa durante o 3º ano: R$ 22.227,30

Cálculo proporcional: 19.650,21 / 22.227,30 = 0,88

Portanto, a recuperação do capital investido se dará em 2,88 anos.

- Projeto B: $[25000 / (1 + 0{,}08)^1]$
  $+ [23000 / (1 + 0{,}08)^2]$
  $+ [22000 / (1 + 0{,}08)^3]$ = R$ 60.331,25

Verifica-se que o projeto necessita de um período maior do que três anos para recuperar o investimento inicial. Portanto, segue a descapitalização do valor a ser recebido no quarto ano de projeto:

$27500 / (1 + 0{,}08)^4$ = R$ 20.213,32

Somatória dos valores descapitalizados: R$ 80.544,57

Cálculo do período de recuperação do capital:

Valor recuperado até o 3º ano: R$ 60.331,25

Valor ainda restante: R$ 14.668,75

Valor a ingressar em caixa durante o 4º ano: R$ 20.213,32

Cálculo proporcional: 14.668,75 / 20.213,32 = 0,73

Portanto, a recuperação do capital investido se dará em 3,73 anos.

O melhor resultado do projeto A com relação ao *payback* descontado não diz, necessariamente, que esse é o melhor projeto. Verifica-se que, após o 3º ano, o projeto A prevê uma redução considerável de caixa, tanto é que, se descontarmos todo o fluxo de caixa para a data zero, obteremos um resultado de R$ 79.047,15, ou seja, inferior ao valor presente do projeto B, de R$ 80.544,57. Isso significa dizer que, apesar de apresentar uma recuperação do investimento num prazo inferior, o projeto A não deve ser o escolhido, já que não apresenta o maior ganho, considerando-se todo o fluxo de caixa previsto. Essa deficiência do *payback* descontado será coberta pelo método do Valor Presente Líquido (VPL), que nada mais é do que a descapitalização de todos os valores do fluxo de caixa, conforme veremos a seguir.

5.2 VALOR PRESENTE LÍQUIDO (VPL)

O método de cálculo do valor presente líquido (VPL) apura, em valores atuais, o ganho financeiro previsto para o projeto. Para tanto, é necessário descapitalizar todos os valores constantes no fluxo de caixa e diminuir este resultado pelo investimento inicial. Se o resultado do VPL for superior a zero, significa que o projeto merece continuar sendo analisado, por outro lado, se o resultado for negativo (inferior a zero), o projeto deve ser descartado.

Vamos utilizar como exemplo os fluxos de caixa indicados no subitem 5.1.2.2, os quais são reescritos abaixo:

Ano	Projeto A	Projeto B
0	(R$ 75.000,00)	(R$ 75.000,00)
1	R$ 32.000,00	R$ 25.000,00
2	R$ 30.000,00	R$ 23.000,00
3	R$ 28.000,00	R$ 22.000,00
4	R$ 2.000,00	R$ 27.500,00

Conforme já mencionado, o procedimento de cálculo do VPL é o seguinte:

VPL = Somatório dos valores presentes das entradas de caixa − Investimento inicial

O cálculo do VPL para os dois fluxos indicados já foi efetuado no subitem anterior, através da descapitalização das entradas de caixa. Resta, apenas, deduzir o investimento inicial dos resultados obtidos:

Projeto A: R$ 79.047,15 − R$ 75.000,00 = R$ 4.047,15;

Projeto B: R$ 80.544,57 − R$ 75.000,00 = R$ 5.544,57.

Significa dizer que o projeto B é o preferível, pois apresenta um VPL maior, ou seja, deve recuperar o investimento inicial, obter um rendimento mínimo de 8% a.a. e, além disto, gerar um saldo excedente de caixa, ao longo dos 4 anos, de R$ 5.544,57. Conforme já havia sido comentado anteriormente, é visível que o VPL corrige uma das deficiências apontadas para o *payback* descontado, pois considera o fluxo de caixa como um todo, tanto é que indicou o projeto B como investimento a ser realizado.

O VPL é uma das ferramentas mais completas para a análise de investimentos, portanto, caso sejam constatadas divergências nos resultados das técnicas utilizadas, normalmente o VPL indicará qual o caminho correto. Voltaremos a falar sobre esta questão mais adiante.

5.2.1 Resolução do VPL via HP-12C

A calculadora HP-12 C é uma das ferramentas que podem ser utilizadas para a resolução das técnicas de análise de investimento apresentadas nesta obra. Embora possua algumas limitações, principalmente quando se trata de fluxos de caixa muito extensos, a HP-12C ainda é uma das calculadoras mais recomendadas para cálculos financeiros específicos, já que abrange boa parte das operações existentes e é bastante funcional.

Para a resolução, normalmente utilizamos a função "fluxo de caixa" da calculadora, conforme será demonstrado abaixo, baseando-se nos mesmos exemplos já mencionados no subitem 5.2, relembrando que a TMA utilizada foi de 8% a.a.:

Ano	Projeto A	Projeto B
0	(R$ 75.000,00)	(R$ 75.000,00)
1	R$ 32.000,00	R$ 25.000,00
2	R$ 30.000,00	R$ 23.000,00
3	R$ 28.000,00	R$ 22.000,00
4	R$ 2.000,00	R$ 27.500,00

Resolução:

75000 CHS g CF0	75000 CHS g CF0
32000 g CFj	25000 g CFj
30000 g CFj	23000 g CFj
28000 g CFj	22000 g CFj
2000 g CFj	27500 g CFj
8i	8i
f NPV = R$ 4.047,15	f NPV = R$ 5.544,57

A tecla CF0 indica o fluxo de caixa na data zero, ou seja, o investimento inicial. Por isso mesmo, há a necessidade da tecla CHS, para negativar o investimento, já que representa uma saída de caixa. A tecla CFj, por sua vez, identifica os demais valores do fluxo de caixa, sendo que j varia de 1 a "n".

5.2.2 Resolução do VPL no Excel

Outras ferramentas que podem, e devem, ser utilizadas para a resolução de cálculos envolvendo análise de investimentos são as planilhas eletrônicas. Abaixo, será demonstrada a forma de resolução através do Excel, utilizando os mesmos fluxos de caixa trabalhados no subitem anterior:

Coluna A	Coluna B	Coluna C
Linha 1	(R$ 75.000,00)	(R$ 75.000,00)
Linha 2	R$ 32.000,00	R$ 25.000,00
Linha 3	R$ 30.000,00	R$ 23.000,00
Linha 4	R$ 28.000,00	R$ 22.000,00
Linha 5	R$ 2.000,00	R$ 27.500,00

f(x) – categoria: financeira – função – VPL

- Projeto A:

    TAXA – 8% (a taxa sempre deve ser inserida no formato percentual ou unitário)

    Valor 1 – B2:B5 (selecionam-se todas as entradas do fluxo de caixa)

    Resposta: R$ 79.047,15 (encontra-se o VP – valor presente do fluxo de caixa)

    VPL = R$ 79.047,15 – R$ 75.000,00 = R$ 4.047,15.

- Projeto B:

    TAXA – 8% (a taxa sempre deve ser inserida no formato percentual ou unitário)

    Valor 1 – C2:C5 (selecionam-se todas as entradas do fluxo de caixa)

    Resposta: R$ 80.544,57 (encontra-se o VP – valor presente do fluxo de caixa)

    VPL = R$ 80.544,57 – R$ 75.000,00 = R$ 5.544,57.

Como, normalmente, trabalha-se com fluxos de caixa muito extensos, as planilhas eletrônicas são as ferramentas mais recomendadas para este tipo de cálculo.

5.3 TAXA INTERNA DE RETORNO (TIR)

A taxa interna de retorno é a taxa que faz com que a seguinte igualdade se verifique:

> **Valor presente das entradas de caixa = Investimento inicial**

Ou seja, é a taxa de juros que torna o VPL do investimento igual a zero. Dessa definição, pode-se deduzir que a TIR é, *grosso modo*, a rentabilidade projetada do investimento, ou seja, quanto está se estimando ganhar (%) de acordo com o orçamento de caixa definido.

Utilizando os mesmos fluxos de caixa já descritos anteriormente, apresentamos o procedimento de cálculo da TIR:

Ano	Projeto A	Projeto B
0	(R$ 75.000,00)	(R$ 75.000,00)
1	R$ 32.000,00	R$ 25.000,00
2	R$ 30.000,00	R$ 23.000,00
3	R$ 28.000,00	R$ 22.000,00
4	R$ 2.000,00	R$ 27.500,00

Como a taxa interna de retorno é a taxa que iguala o VPL de um investimento a zero, podemos montar as seguintes equações:

- Projeto A:

$$32000 / (1 + i)^1$$
$$+ 30000 / (1 + i)^2$$
$$+ 28000 / (1 + i)^3$$
$$+ 2000 / (1 + i)^4 = 75000$$

- Projeto B:

$25000 / (1 + i)^1$
$+ 23000 / (1 + i)^2$
$+ 22000 / (1 + i)^3$
$+ 27500 / (1 + i)^4 = 75000$

As resoluções acima só podem ser efetuadas através do método iterativo, ou seja, "tentativa e erro", visto que temos uma mesma variável elevada a diversos expoentes. A alternativa para a solução dessas equações seria inserir valores para a variável i até que a igualdade proposta seja constatada. Portanto, para a resolução, utilizaremos a HP-12C e o Excel.

5.3.1 Resolução da TIR via HP–12C

Também se deve utilizar a função "fluxo de caixa" da calculadora. Tal cálculo será demonstrado abaixo para a solução das equações do subitem anterior, relembrando que a TMA que vem sendo utilizada é de 8% a.a.

75000 CHS g CF0	75000 CHS g CF0
32000 g CFj	25000 g CFj
30000 g CFj	23000 g CFj
28000 g CFj	22000 g CFj
2000 g CFj	27500 g CFj
f IRR = 10,98%	f IRR = 11,24%

Talvez até mais importante do que o cálculo é a interpretação dos seus resultados. Primeiramente, é necessário enfatizar que as taxas encontradas são anuais, visto que a unidade de tempo da TIR corresponde ao intervalo existente entre as parcelas do fluxo de caixa. Como estamos analisando fluxos de caixa anuais, obtemos uma TIR de 10,98% a.a. para o projeto A e de 11,24% a.a. para o projeto B. Posteriormente, cabe analisar os resultados encontrados. Percebe-se que tanto a TIR do projeto A quanto a do projeto B apresentam valores superiores à TMA de 8% a.a., o que significa que, com relação a essa técnica de análise, os projetos são viáveis, já que as rentabilidades previstas para os investimentos são superiores ao retorno mínimo estipulado. Também fica claro que o projeto B é preferível ao projeto A, visto que sua TIR é superior.

Normalmente, a TIR e o VPL apontam para a escolha do mesmo projeto. Entretanto, quando se trata de investimentos distintos, isso pode não acontecer, gerando dúvida na tomada de decisão por parte do gestor. Essa questão, bem como a correção dessas inconsistências, serão tratadas adiante, após a apresentação de todas as técnicas de análise de investimento propostas.

5.3.2 Resolução da TIR no Excel

Abaixo, é demonstrada a forma de resolução através do Excel:

Coluna A	Coluna B	Coluna C
Linha 1	(R$ 75.000,00)	(R$ 75.000,00)
Linha 2	R$ 32.000,00	R$ 25.000,00
Linha 3	R$ 30.000,00	R$ 23.000,00
Linha 4	R$ 28.000,00	R$ 22.000,00
Linha 5	R$ 2.000,00	R$ 27.500,00

f(x) – categoria: financeira – função – TIR

- Projeto A:

    VALORES – B1:B5 (o valor do investimento deve estar precedido do sinal negativo)

    Resposta: 10,98% a.a.

- Projeto B:

    VALORES – C1:C5 (o valor do investimento deve estar precedido do sinal negativo)

    Resposta: 11,24% a.a.

Além do campo "valores", também pode ser preenchido o campo "estimativa". O preenchimento desse campo será necessário quando se trata de fluxos de caixa muito extensos. Nesse caso, como o procedimento de cálculo se dá através do método iterativo, tentativa e erro, o Excel pode retornar a informação #NÚM! quando não encontrar uma resposta até o número limite de tentativas. Sendo assim, existe a possibilidade de indicar uma taxa, a qual estima-se ser próxima do resultado, para restringir o número de tentativas e encontrar a solução da equação. Normalmente, utiliza-se a própria TMA como estimativa.

5.3.3 Outras considerações a respeito da TIR

Até o presente momento, definimos TIR como sendo a taxa de juros que torna o VPL um investimento igual a zero, ou seja, a rentabilidade projetada do investimento, de acordo com o orçamento de caixa definido. Entretanto, numa análise mais aprofundada, verificar-se-á que a TIR, na verdade, é o limite superior da rentabilidade estimada para um projeto, já que o seu procedimento de cálculo presume que as entradas de caixa previstas serão reinvestidas com base na própria TIR. Vejamos, abaixo, uma melhor explanação para essa questão, comparando o cálculo da TIR com o cálculo do VPL:

Imaginemos o seguinte orçamento de caixa desenvolvido para um projeto qualquer:

PERÍODO (ANOS)	VALOR
0	(R$ 125.000,00)
1	R$ 35.000,00
2	R$ 42.000,00
3	R$ 45.000,00
4	R$ 37.000,00
5	R$ 38.000,00

- Cálculo do VPL, considerando uma TMA de 9,5% ao ano:

    35.000 / (1 + 0,095)^1
    + 42.000 / (1 + 0,095)^2
    + 45.000 / (1 + 0,095)^3
    + 37.000 / (1 + 0,095)^4
    + 38.000 / (1 + 0,095)^5 − 125.000 = R$ 26.141,25

O procedimento de cálculo do VPL parte do pressuposto de que as entradas de caixa serão reinvestidas com base na TMA, visto que esse é o parâmetro utilizado no cálculo. Nesse caso, as entradas de caixa, ao serem reinvestidas, proporcionarão uma rentabilidade de 9,5% ao ano.

- Cálculo da TIR (utilizando a HP-12C):

    125000 CHS g CF0
    35000 g CFj
    42000 g CFj
    45000 g CFj
    37000 g CFj
    38000 g CFj
    f IRR = 17,27% a.a.

Como a TMA não é utilizada no procedimento de cálculo, consistindo apenas num parâmetro de comparação com o resultado obtido, presume-se que as entradas de caixa serão reinvestidas com base na própria TIR. Dessa forma, considera-se o procedimento de cálculo do VPL mais "real" ou conservador, visto que nem sempre os valores poderão ser reinvestidos garantindo a mesma rentabilidade do projeto. Por essa razão, considera-se a TIR como um limite superior da rentabilidade prevista, já que a obtenção desse retorno dependerá do reinvestimento dos valores constantes no fluxo de caixa.

Para a correção dessa situação e a apuração de uma rentabilidade mais apropriada para a tomada de decisão, utiliza-se a TIR Modificada, conforme será demonstrado a seguir.

5.3.3.1 TIR Modificada

Para a explanação do procedimento de cálculo, utilizaremos o mesmo exemplo indicado no subitem anterior (5.3.3):

PERÍODO (ANOS)	VALOR
0	(R$ 125.000,00)
1	R$ 35.000,00
2	R$ 42.000,00
3	R$ 45.000,00
4	R$ 37.000,00
5	R$ 38.000,00

O objetivo do cálculo da TIR Modificada é considerar o reinvestimento das entradas de caixa com base na TMA, adotando uma postura mais conservadora para a análise do projeto. Portanto, o primeiro passo é considerar que tais valores serão reinvestidos à taxa de 9,5% a.a. (TMA considerada para o fluxo acima no cálculo anterior):

$35.000 \times (1 + 0{,}095)^4 = R\$ 50.318,13$;

$42.000 \times (1 + 0{,}095)^3 = R\$ 55.143,16$;

$45.000 \times (1 + 0{,}095)^2 = R\$ 53.956,13$;

$37.000 \times (1 + 0{,}095)^1 = R\$ 40.515,00$;

$38.000 \times (1 + 0{,}095)^0 = R\$ 38.000,00$.

Após o reinvestimento, deverá ser efetuada a somatória dos valores, considerando como data base o quinto ano, ou seja, o último período do fluxo de caixa para o qual os valores foram capitalizados.

50.318,13 + 55.143,16 + 53.956,13 + 40.515,00 + 38.000 =
= R$ 237.932,42.

O resultado apurado acima deve ser considerado como valor futuro (FV) e o investimento inicial de R$ 125.000,00 como valor presente (PV), conforme demonstrado abaixo:

237.932,42 / 125.000,00 = (1,9035 – 1) × 100 = 90,35%

É importante salientar que a rentabilidade de 90,35% refere-se aos cinco anos de projeto. Se quisermos indicar a rentabilidade anual, devemos efetuar o cálculo para a descapitalização da taxa, indicado a seguir:

iq = [(1 + it)$^{q/t}$ – 1] × 100 (fórmula utilizada para a transformação de taxas de juro em regime de capitalização composta), onde:

iq = taxa que eu quero;

it = taxa que eu tenho;

q = prazo que eu quero;

t = prazo que eu tenho.

Substituindo os valores:

iq = [(1 + 0,9035)$^{1/5}$ – 1] × 100

i = 13,74% a.a.

Verifica-se que o cálculo da TIR Modificada resultou num valor inferior ao cálculo da TIR, conforme já era esperado. Dessa forma, pode-se dizer que o limite superior da rentabilidade prevista para o investimento é de 17,27% a.a. (medida de risco), enquanto a rentabilidade ajustada (mais provável) é de 13,74% a.a. Vejam que a interpretação incorreta dos resultados pode gerar a aprovação de um projeto inviável financeiramente, pois a diferença apontada nas duas metodologias de cálculo, muitas vezes, é significativa.

5.3.3.2 TIR como medida de risco

A principal contribuição da TIR para a análise de investimentos é a mensuração do risco, que pode ser visualizado através da proximidade entre a TIR e a TMA. Quanto mais próximas essas duas taxas, maior é o risco do projeto. Nesses casos, se o limite superior da rentabilidade projetada está muito próximo do mínimo que se deseja ganhar, menor é a resistência do projeto à volatilidade do mercado, pois qualquer mudança de cenário ou situação não prevista pode fazer com que a rentabilidade seja inferior ao mínimo estipulado.

Sendo assim, a TIR deve ser interpretada mais como uma medida de risco do que de retorno. Essa técnica é extremamente utilizada no mercado, já que permite uma maior comparabilidade com as rentabilidades ofertadas pelos demais investimentos que, usualmente, também são indicadas em %. Entretanto, como já ressaltado anteriormente, é possível encontrarmos interpretações diferentes para os resultados da TIR e do VPL:

- Considere que você tem dois amigos dispostos a lhe emprestar uma certa quantia em dinheiro. O primeiro tem a possibilidade de lhe ofertar R$ 1.000,00, e o segundo, R$ 100,00. Os dois necessitam do dinheiro de volta em um mês e irão cobrar uma taxa de juros de 2%. A rentabilidade sobre os valores emprestados é dada por:

    R$ 1.000,00 × 0,02 = R$ 20,00;

    R$ 100,00 × 0,02 = R$ 2,00.

- Veja que a TIR, do ponto de vista dos credores, é a mesma, ou seja, 2%. Entretanto, o resultado monetário, neste caso análogo ao VPL, é diferente (R$ 20,00 > R$ 2,00). Essa distorção ocorre em função dos valores sobre os quais a rentabilidade é auferida, pois se trata de investimentos distintos. Nesses casos, deve-se ter um cuidado adicional ao comparar os projetos. Tal procedimento será mais bem explicado posteriormente, através de exemplos práticos detalhados.

5.4 VALOR PRESENTE LÍQUIDO ANUALIZADO (VPLA)

O valor presente líquido anualizado (VPLA) nada mais é do que o VPL por período, o qual pode ser anual, bimestral, mensal etc. O procedimento de cálculo baseia-se no próprio VPL. Consideraremos o mesmo exemplo do subitem 5.2:

Ano	Projeto A	Projeto B
0	(R$ 75.000,00)	(R$ 75.000,00)
1	R$ 32.000,00	R$ 25.000,00
2	R$ 30.000,00	R$ 23.000,00
3	R$ 28.000,00	R$ 22.000,00
4	R$ 2.000,00	R$ 27.500,00

Como o VPL dos projetos acima já foi calculado, partimos destes resultados para o cálculo do VPLA:

- Projeto A:

    Já se sabe que o saldo excedente de caixa previsto para o projeto como um todo é de R$ 4.047,15. Para calcular o saldo excedente anual, deve-se utilizar procedimento análogo ao cálculo da prestação de um financiamento, capitalizando o valor inicial de acordo com o número de parcelas. A fórmula utilizada no cálculo é indicada abaixo:

    PMT = C × {[(1 + i)^n × i] / [(1 + i)^n – 1]}, da qual resulta:
    VPLA = VPL × {[(1 + i)^n × i] / [(1 + i)^n – 1]}

    Utilizando a mesma taxa de juros do subitem 5.2 (TMA de 8% ao ano), tem-se:

- Projeto A:

    VPLA = 4047,15 × {[(1 + 0.08)^4 × 0,08] / [(1 + 0,08)^4 – 1]}
    VPLA = R$ 1.221,92

- Projeto B:

    VPLA = 5544,57 × {[(1 + 0.08)^4 × 0,08] / [(1 + 0,08)^4 – 1]}
    VPLA = R$ 1.674,02

Se o VPL do projeto B é superior ao do projeto A, é claro que o VPLA também apontará o projeto B como preferível.

5.4.1 Resolução do VPLA via HP-12C

O procedimento de cálculo na HP-12C é indicado abaixo:

- Projeto A:

    4047,15 CHS PV

    4 n

    8 i

    g 8

    0 FV

    PMT = R$ 1.221,92

- Projeto B:

    5544,57 CHS PV

    4 n

    8 i

    g 8

    0 FV

    PMT = R$ 1.674,02

A tecla g seguida do número 8 indica que o primeiro dos valores, representados pela tecla PMT (parcela), ocorrerá no final do primeiro período, procedimento padrão para o cálculo do VPLA. O fato de zerar a tecla FV (tecla que não está sendo utilizada no cálculo) é apenas uma precaução para evitar que algum valor referente a cálculos anteriores fique armazenado na memória da calculadora.

5.4.2 Resolução do VPLA no Excel

Coluna A	Coluna B	Coluna C
Linha 1	(R$ 75.000,00)	(R$ 75.000,00)
Linha 2	R$ 32.000,00	R$ 25.000,00
Linha 3	R$ 30.000,00	R$ 23.000,00
Linha 4	R$ 28.000,00	R$ 22.000,00
Linha 5	R$ 2.000,00	R$ 27.500,00

f(x) – categoria: financeira – função – PGTO

- Projeto A:

    TAXA – 8% (a taxa sempre deve ser inserida no formato percentual ou unitário)

    NPER – 4

    VP – 4047,15

    VF – 0

    TIPO – 0 (parcelas no final do período – equivalente ao g 8 da HP-12C)

    Resposta: R$ 1.221,92

- Projeto B:

    TAXA – 8% (a taxa sempre deve ser inserida no formato percentual ou unitário)

    NPER – 4

    VP – 5544,57

    VF – 0

    TIPO – 0 (parcelas no final do período – equivalente ao g 8 da HP-12C)

    Resposta: R$ 1.674,02

5.4.3 Outras considerações a respeito do VPLA

Se o VPL e o VPLA produzem informações similares, apenas com periodicidades diferentes, qual o objetivo de calcular os dois? Na verdade, o VPLA é mais indicado para comparações de projetos com horizontes de planejamento diferentes, pois, nessa situação, o VPL não pode ser utilizado como parâmetro de comparação, a não ser que se igualem os prazos dos projetos. Essas questões serão demonstradas através do exemplo prático descrito a seguir:

Uma certa empresa está estudando a compra de um equipamento e, para isso, está analisando duas possibilidades de investimento. A primeira máquina tem vida útil de dois anos, exigirá um desembolso inicial de R$ 165.000,00 e, de acordo com o projetado, deve gerar um saldo líquido de caixa de R$ 13.500,00 por mês. A segunda tem vida útil de três anos, exigirá um desembolso inicial de R$ 195.000,00 e deve gerar um saldo líquido de caixa de R$ 15.700,00 por mês. Qual equipamento deve ser adquirido se a taxa de atratividade é de 1,25% a.m.?

Para a resolução desse exercício, existem três alternativas: fixar um horizonte de análise idêntico para ambos os projetos, replicando-os até o mínimo múltiplo comum de suas vidas, utilizando o VPL para a resolução; diminuir o horizonte de análise do projeto de maior N e redefinir seu valor residual, utilizando o VPL para a resolução; e resolver através do cálculo do VPLA.

Vamos abordar as três formas de cálculo, começando pela primeira alternativa, ou seja, fixando um mesmo horizonte de análise para os dois projetos.

- Para igualar os prazos dos dois projetos, deve-se considerar que o primeiro (vida útil de dois anos) deve ser triplicado, enquanto que o segundo (vida útil de três anos) deve ser duplicado. Dessa forma, o horizonte de análise passará a ser de seis anos, conforme tabela a seguir:

	COLUNA A	COLUNA B	COLUNA C
	Período	Primeiro Projeto	Segundo Projeto
LINHA 1	0	(165.000,00)	(195.000,00)
LINHA 2	1	13.500,00	15.700,00
LINHA 24	23	13.500,00	15.700,00
LINHA 25	24	(151.500,00)	15.700,00
LINHA 26	25	13.500,00	15.700,00
LINHA 36	35	13.500,00	15.700,00
LINHA 37	36	13.500,00	(179.300,00)
LINHA 38	37	13.500,00	15.700,00
LINHA 48	47	13.500,00	15.700,00
LINHA 49	48	(151.500,00)	15.700,00
LINHA 50	49	13.500,00	15.700,00
LINHA 73	72	13.500,00	15.700,00

Obs.: Nas linhas 3 a 23, 27 a 35, 39 a 47 e 51 a 72, os valores permanecem os mesmos.

Os valores constantes nas linhas 25 e 49, da coluna B (primeiro projeto), foram obtidos através da subtração do valor de R$ 165.000,00 (investimento que deve ser refeito ao final de 2 e de 4 anos) pelo valor de R$ 13.500,00 (valor proveniente da última entrada de caixa gerada pelo projeto). O valor constante na linha 37, da coluna C (segundo projeto), foi obtido através da subtração do valor de R$ 195.000,00 (investimento que deve ser refeito ao final de 3 anos) pelo valor de R$ 15.700,00 (valor proveniente da última entrada de caixa gerada pelo projeto original).

Como não faria sentido resolvermos manualmente o exercício exposto, pois se trata de fluxos de caixa com 72 períodos, vamos explicitar as resoluções via HP-12C e Excel:

Resolução via HP-12C:

Como se trata de valores distintos, deve ser utilizada a função "fluxo de caixa", através das teclas CF0, CFj e Nj, relembrando que: CF0 – Fluxo de caixa na data zero; CFj – Fluxo de caixa na data j, a qual varia de 1 a n; e Nj – número de vezes que o fluxo de caixa se repete.

Primeiro projeto – 165000 CHS g CF0
13500 g CFj
23 g Nj (esse valor se repete 23 vezes)
151500 CHS g CFj
13500 g CFj
23 g Nj (esse valor se repete 23 vezes)
151500 CHS g CFj
13500 g CFj
24 g Nj (esse valor se repete 24 vezes)
1,25 i
f NPV = R$ 260.094,57

Segundo projeto – 195000 CHS g CF0
15700 g CFj
35 g Nj
179300 CHS g CFj
15700 g CFj
36 g Nj
1,25 i
f NPV = R$ 422.807,06

Através dos resultados obtidos e utilizando como critério de decisão apenas o VPL, percebe-se que o segundo projeto deve ser o escolhido, visto que apresenta um saldo excedente de caixa significativamente superior ao primeiro.

Resolução no Excel:

Primeiro projeto – f(x) – categoria: financeira – função – VPL

TAXA – 1,25% (a taxa sempre deve ser inserida no formato percentual ou unitário)

VALOR 1 – B2:B73

Resposta – R$ 425.094,57 (encontra-se o VP – valor presente do fluxo de caixa)

VPL = R$ 425.094,57 – R$ 165.000,00 = R$ 260.094,57

Segundo projeto – f(x) – categoria: financeira – função – VPL

TAXA – 1,25% (a taxa sempre deve ser inserida no formato percentual ou unitário)

VALOR 1 – C2:C73

Resposta – R$ 617.807,06 (encontra-se o VP – valor presente do fluxo de caixa)

VPL = R$ 617.807,06 – R$ 195.000,00 = R$ 422.807,06

- A segunda forma de resolução do problema citado é a redução do horizonte de análise do projeto de maior N, redefinindo seu valor residual. Entretanto, para resolvermos o exercício proposto utilizando esta metodologia de cálculo, precisaríamos conhecer o valor residual do equipamento referente ao segundo projeto no caso de utilização parcial da sua vida útil (de 3 para 2 anos). Simplesmente descapitalizar as entradas futuras de caixa para a data 24 não é o procedimento correto para a resolução, pois para se apurar o valor residual é necessário conhecer o método de depreciação adotado, bem como uma perspectiva do valor de mercado do equipamento após 2 anos de uso. Como não dispomos dessas informações, essa alternativa não será levada em consideração.

- A terceira forma de resolução do problema citado é através do VPLA. Como o VPLA indica o saldo excedente de caixa por período, não é necessário se preocupar em readequar os fluxos de caixa, já que a técnica de análise VPLA é indicada justamente para estas situações (projetos de investimento com horizontes de planejamento diferentes). Abaixo, seguem os procedimentos para a resolução através da HP-12C e do Excel:

Resolução via HP-12C:

Primeiro projeto – Deve-se calcular o VPL do projeto original

13500 CHS PMT

24 n

1,25 i

g 8

0 FV

PV = R$ 278.427,16

VPL = R$ 278.427,16 − R$ 165.000,00 = R$ 113.427,16

Com base no VPL, calcula-se o VPLA

113427,16 CHS PV

24 n

1,25 i

g 8

0 FV

PMT = R$ 5.499,70

Segundo projeto – Deve-se calcular o VPL do projeto original

15700 CHS PMT

36 n

1,25 i

g 8

0 FV

PV = R$ 452.902,10

VPL = R$ 452.902,10 − R$ 195.000,00 = R$ 257.902,10

Com base no VPL, calcula-se o VPLA

257902,10 CHS PV

36 n

1,25 i

g 8

0 FV

PMT = R$ 8.940,26

Percebemos que a análise não muda em relação à conclusão obtida através da primeira forma de resolução, ou seja, o segundo projeto é preferível em relação ao primeiro.

Resolução no Excel:

Primeiro projeto – f(x) – categoria: financeira – função – PGTO

TAXA – 1,25% (a taxa sempre deve ser inserida no formato percentual ou unitário)

NPER – 24

VP – 113427,16

VF – 0

TIPO – 0 (parcelas no final do período – equivalente ao g 8 da HP-12C)

Resposta – R$ 5.499,70

Segundo projeto – f(x) – categoria: financeira – função – PGTO

TAXA – 1,25% (a taxa sempre deve ser inserida no formato percentual ou unitário)

NPER – 36

VP – 257902,10

VF – 0

TIPO − 0 (parcelas no final do período − equivalente ao g 8 da HP-12C)

Resposta − R$ 8.940,26

5.5 ÍNDICE BENEFÍCIO-CUSTO (IBC)

O índice benefício-custo (IBC) é obtido através da divisão do valor presente das entradas de caixa de um determinado projeto pelo seu investimento inicial, ou seja, apura quanto as entradas previstas de caixa, já expurgado o efeito da TMA, representam percentualmente em relação ao que foi investido. Segue um exemplo:

- Um certo empresário deseja adquirir mais um veículo para a sua frota, com o objetivo de passar a atuar em uma nova região. O custo de aquisição do veículo é de R$ 95.000,00, os quais serão pagos a vista. A expectativa do empresário é retirar um saldo líquido de caixa anual de R$ 20.000,00 nos próximos 10 anos, vida útil do veículo em questão. Considerando uma taxa mínima de atratividade (TMA) de 10% ao ano, efetue o cálculo do IBC, posicionando-se com relação à viabilidade ou não do investimento.

Cálculo do VP (através da HP-12C):

20000 CHS PMT

10 n

10 i

0 FV

g 8

PV = R$ 122.891,34

Cálculo do IBC:

R$ 122.891,34 / R$ 95.000,00 = 1,29

O resultado apurado indica que as entradas de caixa, trazidas a valor presente, ou seja, descontando-se o efeito da TMA, representam 129% do investimento inicial, o que quer dizer que o investimento terá um resultado positivo. Outra forma de interpretar o resultado é dizer que, para cada R$ 1,00 investido, obter-se-á um retorno, já expurgando o efeito da TMA, de R$ 1,29.

O VPL e o IBC são diretamente proporcionais, pois se o VPL > zero, certamente o IBC será superior a um. Fica claro que quanto maior o IBC, melhor o projeto, pois maior a geração de caixa que ele proporciona.

5.6 RETORNO ADICIONADO PELO INVESTIMENTO (ROIA)

É uma medida de rentabilidade que nos dá o valor agregado à empresa pelo projeto, pois já expurga o efeito da TMA. Na verdade, podemos simplificar o entendimento do ROIA como o que se projeta ganhar, em %, acima do mínimo estipulado pela empresa. Vejamos o exemplo abaixo, considerando o mesmo enunciado do subitem anterior:

Para o cálculo do ROIA, precisamos do IBC, o qual já foi obtido.

- Cálculo através da HP-12C:

    1 CHS PV

    1,29 FV

    10 n

    0 PMT

    i = 2,58% ao ano (a periodicidade da taxa será determinada pelo intervalo de tempo entre as parcelas).

Através do cálculo demonstrado, pressupomos um investimento inicial de R$ 1,00, que, após 10 anos, trará um montante de R$ 1,29, ou seja, uma rentabilidade total de 29% ao longo dos 10 anos. Percebam que esse aumento de 29% já é o resultado do ROIA (análogo ao VPL), o que fazemos acima é apenas transformar esta taxa para uma periodicidade anual.

Portanto, pode-se afirmar que a projeção do ganho para este projeto, em termos percentuais, acima da TMA, é de 2,58% ao ano.

- Cálculo através do Excel:

    f(x) – categoria: financeira – função – TAXA

    NPER – 10

PGTO – 0

VP – – 1,00

VF – 1,29

Resposta – 2,58% ao ano (a periodicidade da taxa será determinada pelo intervalo de tempo entre as parcelas).

Em função de tudo que foi discutido acima, fica claro que quanto maior o ROIA, melhor o projeto de investimento.

5.6.1 Outras considerações a respeito do ROIA

Poderia se supor que outra forma de obtermos o resultado do ROIA seria através da diferença entre a TIR e a TMA, visto que o retorno adicionado nada mais é do que a diferença entre a rentabilidade estimada para um projeto e sua taxa mínima de retorno. Entretanto, precisamos lembrar que a TIR representa o limite superior da estimativa da rentabilidade do projeto, conforme já demonstrado, e, portanto, não é adequada para a apuração do ROIA. A maneira correta de efetuarmos o cálculo, portanto, seria através da TIR Modificada, o que faremos para o exercício proposto no subitem 5.5:

HP-12C: 20000 CHS PMT

10 n

10 i

0 PV

g 8

FV = (R$ 318.748,49 / R$ 95.000,00 – 1) × 100 = 235,52% em 10 anos.

Transformando a taxa obtida para periodicidade anual:

1 CHS PV

3,3552 FV

10 n

0 PMT

i = 12,87% ao ano.

Após o cálculo acima, através do qual encontramos a TIR Modificada, ou seja, a rentabilidade estimada para o investimento, é necessário descontar a TMA do resultado encontrado. Entretanto, para descontar taxas de juros, não se pode, simplesmente, utilizar operações de subtração. Abaixo, elucidamos a questão:

{(1 + 0,1287) / (1 + 0,10) – 1} × 100 = 2,60% ao ano.

Vejam que a operação utilizada foi a divisão, visto que, pelo fato de adotarmos a capitalização composta (juros sobre juros), não devemos somar ou subtrair taxas de juros, pois os resultados estarão incorretos. A diferença de 0,02% se deve aos arredondamentos efetuados nas resoluções acima.

5.7 PERGUNTAS E PROBLEMAS PROPOSTOS PARA A FIXAÇÃO DOS CONCEITOS APRESENTADOS

1. Com relação às técnicas de análise de investimento, marque verdadeiro (V) ou falso (F) para as alternativas abaixo:

    ( ) Caso o VPL de um projeto tenha valor positivo, podemos dizer que a TIR será inferior ao custo de capital.

    ( ) O *payback* descontado apura em quanto tempo o investimento inicial será recuperado, considerando, para tanto, o valor do dinheiro no tempo.

    ( ) Qualquer uma das técnicas de análise de investimento acima mencionadas, mesmo que aplicadas isoladamente, já são suficientes para permitir ao administrador tomar uma decisão financeira com segurança.

    ( ) Pode-se afirmar que quanto maior o VPL de um projeto, maior também será o seu VPLA, entretanto, quanto maior a TIR, menor o ROIA.

(   ) Se o VPL de um projeto for positivo, significa que foram recuperados o investimento inicial e o rendimento desse capital aplicado à TMA.

2. Um determinado empresário, com algumas empresas já constituídas, obteve o termo de permissão para exploração do serviço de transporte escolar junto à Prefeitura de um determinado município e deseja aplicar uma parcela de suas economias neste novo ramo de negócio. As informações disponíveis a respeito do novo negócio são descritas abaixo:
   - serão adquiridos três veículos a um preço de R$ 50.000,00 cada um, todos pagos a vista;
   - além da aquisição dos veículos, o empresário também arcará com despesas de seguro, manutenção e combustível, que importarão em R$ 21.872,00 anuais;
   - o salário e os demais encargos com os três motoristas totalizam, aproximadamente, R$ 58.400,00 por ano;
   - as entradas de caixa projetadas para o primeiro ano de utilização dos veículos somam R$ 96.400,00;
   - para o segundo, terceiro, quarto e quinto anos, as entradas de caixa devem se elevar para R$ 105.200,00, R$ 108.350,00, R$ 113.756,00 e R$ 118.564,00, respectivamente;
   - considerando um horizonte de planejamento de 5 anos e uma taxa mínima de retorno equivalente a 10,25% a.a., elabore o fluxo de caixa e calcule o VPL para esse novo empreendimento, apresentando um parecer sobre sua viabilidade ao empresário.

3. Com base nos fluxos de caixa projetados a seguir, referentes a dois projetos de investimento com características similares e mutuamente exclusivos, assinale a alternativa que identifica as afirmativas verdadeiras:

PERÍODO (ANOS)	PROJETO A	PROJETO B
0 – INVESTIMENTO	R$ 25.000,00	R$ 56.000,00
1	R$ 8.500,00	R$ 21.000,00
2	R$ 6.700,00	R$ 11.000,00
3	R$ 6.800,00	R$ 10.300,00
4	R$ 5.000,00	R$ 15.500,00
5	R$ 5.200,00	R$ 15.800,00

I – Considerando-se uma taxa mínima de atratividade de 8,5% a.a., pode-se afirmar que os VPL dos projetos A e B são, respectivamente, R$ 915,33 e R$ 2.454,92.

II – O VPL, cuja sigla significa "valor presente líquido", nos indica, em valores monetários, o saldo financeiro líquido previsto para o projeto, ou seja, considerando-se as entradas e saídas de caixa projetadas, aquilo que se deve ganhar acima da taxa mínima de atratividade. De acordo com a tabela indicada, utilizando apenas esta técnica de análise, o projeto preferível é o B, já que possui um VPL superior ao do projeto A.

III – Ao se comparar projetos de investimento com base no VPL deve-se tomar um único cuidado: verificar se os horizontes de planejamento dos projetos em questão são iguais. Como, nesse caso, os projetos A e B possuem um horizonte de cinco anos, não é necessário efetuar o cálculo das demais técnicas de análise, tais como TIR, VPLA e ROIA, para tomar a decisão final.

a) I e II;
b) II e III;
c) I, II e III;
d) somente a II;
e) somente a I.

6

Cálculo do Ponto de Fisher

A parte final desta obra trata do cálculo do Ponto de Fisher, ou seja, a taxa que torna o investidor indiferente entre dois projetos de investimento em termos de ganho financeiro. O Ponto de Fisher, na verdade, serve para consolidar a decisão de investir ou não num determinado projeto, visto que podemos comparar seu resultado à taxa de juros corrente no mercado, permitindo inclusive o desenvolvimento de cenários.

6.1 EXEMPLO PRÁTICO PARA O CÁLCULO E INTERPRETAÇÃO DO PONTO DE FISHER

Suponha que se tenha de analisar a viabilidade financeira dos dois projetos abaixo indicados (A e B), mutuamente exclusivos. Considere que a TMA seja de 15% ao ano.

	PROJETO A	PROJETO B
INVESTIMENTO INICIAL	R$ 36.000,00	R$ 30.000,00
BENEFÍCIOS ANUAIS	R$ 10.200,00	R$ 8.900,00
VIDA ÚTIL	6 ANOS	6 ANOS

Primeiramente, é preciso calcular todas as técnicas de análise retratadas no capítulo anterior, de forma a definir qual o melhor projeto, visto que são mutuamente exclusivos e, sendo assim, somente um poderá ser selecionado.

VPL (HP 12C)

Projeto A: 36000 CHS g CF0   Projeto B: 30000 CHS g CF0
           10200 g CFj   8900 g CFj
           6 Nj   6 g Nj
           15 i   15 i
           f NPV = R$ 2.601,72   f NPV = R$ 3.681,89

VPLA (HP 12C)

Projeto A: 2601,72 CHS PV   Projeto B: 3681,89 CHS PV
           6 n   6 n
           15 i   15 i
           0 FV   0 FV
           PMT = R$ 687,47   PMT = R$ 972,89

TIR (HP 12C)

Projeto A: 36000 CHS PV   Projeto B: 30000 CHS PV
           10200 PMT   8900 PMT
           6 n   6 n
           0 FV   0 FV
           i = 17,65% a.a.   i = 19,46% a.a.

IBC

Projeto A: (36000 + 2601,72) / 36000 = 1,0722
Projeto B: (30000 + 3681,89) / 30000 = 1,1227

ROIA (HP 12C)

Projeto A: 1 CHS PV   Projeto B: 1 CHS PV

1,0722 FV
6 n
0 PMT
i = 1,17% a.a.

1,1227 FV
6 n
0 PMT
i = 1,95% a.a.

Payback descontado (HP 12C)
Projeto A: 10200 CHS FV
1 n
15 i
0 PMT
PV = R$ 8.869,56
Repetir o procedimento para o segundo ano: R$ 7.712,66
Repetir o procedimento para o terceiro ano: R$ 6.706,66
Repetir o procedimento para o quarto ano: R$ 5.831,88
Repetir o procedimento para o quinto ano: R$ 5.071,20
Repetir o procedimento para o sexto ano: R$ 4.409,74

Através do somatório dos valores acima calculados, nota-se que até o final do quinto ano serão recuperados R$ 34.191,96 dos R$ 36.000,00 investidos. Portanto, no sexto ano, serão ainda necessários R$ 1.808,04.

Conclui-se que, para a recuperação do capital investido, serão necessários cinco anos integrais mais 41% do sexto ano (R$ 1.808,04 / R$ 4.409,74 = 0,41).

Projeto B: 8900 CHS FV
1 n
15 i
0 PMT
PV = R$ 7.739,13
Repetir o procedimento para o segundo ano: R$ 6.729,67
Repetir o procedimento para o terceiro ano: R$ 5.851,89
Repetir o procedimento para o quarto ano: R$ 5.088,60
Repetir o procedimento para o quinto ano: R$ 4.424,87
Repetir o procedimento para o sexto ano: R$ 3.847,71

Através do somatório dos valores calculados, nota-se que até o final do quinto ano serão recuperados R$ 29.834,16 dos R$ 30.000,00 investidos. Portanto, no sexto ano, serão ainda necessários R$ 165,84.

Conclui-se que, para a recuperação do capital investido, serão necessários cinco anos integrais mais 4,31% do sexto ano (R$ 165,84 / R$ 3.847,71 = 0,0431).

Os resultados finais são indicados abaixo:

Técnica de análise	Projeto A	Projeto B	Decisão
VPL	R$ 2.601,72	R$ 3.681,89	B
VPLA	R$ 687,47	R$ 972,89	B
TIR	17,65% a.a.	19,46% a.a.	B
IBC	1,0722	1,1227	B
ROIA	1,17% a.a.	1,95% a.a.	B
Prazo para recuperação do investimento	5,41	5,04	B

Percebe-se que a melhor opção de investimento é o projeto B, pois apresenta uma expectativa de rentabilidade superior, uma melhor estimativa de saldo adicional de caixa e um menor prazo previsto para a recuperação do capital inicialmente investido. Tomada a decisão, cabe verificar até que ponto o projeto B é melhor que o projeto A, considerando a taxa de juros como parâmetro. Essa informação pode ser obtida com o cálculo do Ponto de Fisher.

O cálculo do Ponto de Fisher é efetuado através da diferença entre os dois fluxos de caixa analisados:

Projeto A	Projeto B	Diferença
(R$ 36.000,00)	(R$ 30.000,00)	(R$ 6.000,00)
R$ 10.200,00	R$ 8.900,00	R$ 1.300,00
R$ 10.200,00	R$ 8.900,00	R$ 1.300,00
R$ 10.200,00	R$ 8.900,00	R$ 1.300,00
R$ 10.200,00	R$ 8.900,00	R$ 1.300,00
R$ 10.200,00	R$ 8.900,00	R$ 1.300,00
R$ 10.200,00	R$ 8.900,00	R$ 1.300,00

TIR (HP 12C)

6000 CHS PV
1300 PMT
6 n
0 FV
i = 8,05% a.a.

O resultado indica que o ganho obtido pelos R$ 6.000,00 adicionais investidos no projeto A será de 8,05% a.a., inferior à TMA de 10% a.a. Pode-se concluir, então, que vale mais a pena aplicar esse valor à taxa de juros corrente no mercado do que investir no projeto A. Essa interpretação só corrobora a análise anterior, de que o projeto B é o preferível.

A análise do Ponto de Fisher também pode ser feita da seguinte forma:

- se a TMA for de 8,05% a.a., será indiferente para o investidor, em termos de ganho financeiro, investir no projeto A ou B;
- enquanto a TMA for superior a 8,05% a.a., o investidor deve preferir o projeto B, conforme mencionado acima;
- se a TMA for inferior a 8,05% a.a., o investidor deve preferir o projeto A.

Essa interpretação permite ao investidor a projeção de cenários relacionados à taxa de juros, contribuindo para uma maior segurança na tomada da decisão. Por exemplo, se a perspectiva a médio/longo prazo é de aumento na taxa de juros, o nível de confiança da decisão tomada aumenta. Entretanto, se há uma perspectiva de redução da taxa de juros, o investidor deve analisar a situação de forma mais detalhada, verificando a curva dos juros prevista antes de tomar a decisão final.

6.2 OUTRAS CONSIDERAÇÕES A RESPEITO DA ANÁLISE DE PROJETOS DE INVESTIMENTO

O fato de, muitas vezes, termos de comparar opções de investimento com valores distintos pode acarretar algumas divergências entre os resultados obtidos. Por essa razão, quando necessário, convém "igualar" os valores investidos, considerando-se a aplicação do valor adicional à TMA vigente (fluxo de caixa incremental).

6.2.1 Exemplo prático de análise de projetos com investimentos e resultados distintos

Com base nas técnicas de análise de investimento já demonstradas, selecione o melhor projeto entre os dois destacados abaixo (mutuamente exclusivos), considerando uma taxa mínima de atratividade de 12% a.a.

PERÍODO	PROJETO A	PROJETO B
0 – INVESTIMENTO	R$ 20.000,00	R$ 51.000,00
1	R$ 8.000,00	R$ 20.000,00
2	R$ 6.000,00	R$ 10.000,00
3	R$ 6.000,00	R$ 10.000,00
4	R$ 4.000,00	R$ 16.000,00
5	R$ 4.000,00	R$ 16.000,00

A seguir, indicamos apenas os resultados das técnicas de análise de investimento solicitadas, pois as formas de cálculo já foram demonstradas em exercícios anteriores:

VPL
Projeto A: R$ 1.008,48   Projeto B: R$ 1.194,00

VPLA
Projeto A: R$ 279,76   Projeto B: R$ 331,23

TIR
Projeto A: 14,31% a.a.   Projeto B: 12,96% a.a.

IBC
Projeto A: 1,0504   Projeto B: 1,0234

ROIA
Projeto A: 0,99% a.a.   Projeto B: 0,46% a.a.

Payback Descontado
Projeto A: 4,55 anos   Projeto B: 4,86 anos

A visualização dos resultados encontrados fica mais clara através da tabela abaixo:

Técnica de análise	Projeto A	Projeto B	Decisão
VPL	R$ 1.008,48	R$ 1.194,00	B
VPLA	R$ 279,76	R$ 331,23	B
TIR	14,31% a.a.	12,96% a.a.	A
IBC	1,0504	1,0234	A
ROIA	0,99% a.a.	0,46% a.a.	A
Prazo para recuperação do investimento	4,55	4,86	A

Diferentemente do exemplo retratado no subitem 6.1, desta vez os resultados indicados apontam para decisões diferentes. Nessa situação, conforme comentado anteriormente, convém igualar os projetos, considerando que a diferença entre os investimentos permanecerá aplicada, no mínimo, à TMA. A lógica desse raciocínio é que, se estamos analisando a possibilidade de um investimento de R$ 51.000,00 (Projeto B), é porque temos R$ 51.000,00 disponíveis para o investimento. Caso a opção seja pelo Projeto A (R$ 20.000,00), restarão R$ 31.000,00 que deverão ser destinados à outra oportunidade de investimento, remunerando, no mínimo, a taxa mínima de atratividade. O procedimento de cálculo é demonstrado a seguir:

- Investimento do valor adicional (R$ 31.000,00) à TMA: calcula-se o rendimento periódico obtido com esta aplicação, considerando-se parcelas iguais, em função da maior facilidade de cálculo.

    HP-12C

    31.000,00 CHS PV

    5 n

    12 i

    0 FV

    G 8

    PMT = R$ 8.599,70.

Dessa forma, no caso de escolha do projeto A, haverá a diversificação do investimento, pois R$ 20.000,00 serão investidos no próprio projeto e R$ 31.000,00 em outra oportunidade de investimento, para a qual estamos considerando a TMA como remuneração. O fluxo de caixa final se dá conforme demonstrado a seguir:

	Projeto A	TMA	Total
Investimento	R$ 20.000,00	R$ 31.000,00	R$ 51.000,00
1	R$ 8.000,00	R$ 8.599,70	R$ 16.599,70
2	R$ 6.000,00	R$ 8.599,70	R$ 14.599,70
3	R$ 6.000,00	R$ 8.599,70	R$ 14.599,70
4	R$ 4.000,00	R$ 8.599,70	R$ 12.599,70
5	R$ 4.000,00	R$ 8.599,70	R$ 12.599,70

A partir de agora, passamos a considerar situações de investimento com valores equivalentes. Portanto, o fluxo de caixa indicado acima (ajustado) é que deve ser comparado ao projeto B, com o objetivo de corrigir as incoerências apontadas nos primeiros resultados. Dessa forma, recalculam-se as técnicas de análise de investimento, de acordo com o novo fluxo de caixa, com exceção do VPL e VPLA, já que ambos mensuram o que o investimento agregará em termos de caixa, além da TMA. Como o investimento adicional de R$ 31.000,00 está sendo aplicado à própria TMA, não proporcionará valor agregado, ou seja, não gerará saldo de caixa além do mínimo estipulado como necessário. Dessa forma, o VPL e o VPLA do investimento adicional terão valor igual a zero.

- Recálculo das demais técnicas de análise (TIR, IBC, ROIA e *Payback* Descontado):

  TIR: 12,84% a.a.

  IBC: 1,0197

  ROIA: 0,39% a.a.

  Payback Descontado: 4,86 anos.

Cálculo do Ponto de Fisher • 111

- Comparação entre os resultados:

Técnica de análise	Projeto A	Projeto B	Decisão
VPL	R$ 1.008,48	R$ 1.194,00	B
VPLA	R$ 279,76	R$ 331,23	B
TIR	12,84% a.a.	12,96% a.a.	B
IBC	1,0197	1,0234	B
ROIA	0,39% a.a.	0,46% a.a.	B
Prazo para recuperação do investimento	4,86	4,86	X

Verifica-se, após a adequação do fluxo de caixa do projeto A, que os resultados são mais coerentes, apontando na mesma direção. Portanto, conclui-se que o projeto B é mais vantajoso, embora o ganho adicional seja pequeno. Para finalizar o exercício, restam o cálculo do Ponto de Fisher e a elaboração do parecer.

- Ponto de Fisher (diferença entre os dois fluxos de caixa originais):

Fluxo do Projeto A	Fluxo do Projeto B	Projeto B – A
R$ 20.000,00	R$ 51.000,00	R$ 31.000,00
R$ 8.000,00	R$ 20.000,00	R$ 12.000,00
R$ 6.000,00	R$ 10.000,00	R$ 4.000,00
R$ 6.000,00	R$ 10.000,00	R$ 4.000,00
R$ 4.000,00	R$ 16.000,00	R$ 12.000,00
R$ 4.000,00	R$ 16.000,00	R$ 12.000,00

TIR Projeto B – A: 12,23% a.a.
- Parecer: como se trata de projetos mutuamente exclusivos, somente um deverá ser selecionado. Todos os resultados, com ex-

ceção do *Payback* Descontado, indicam que o projeto B é o preferível, pois possui um maior saldo adicional de caixa previsto, bem como uma maior rentabilidade projetada. Com relação ao *Payback* Descontado, os dois projetos apresentaram resultados similares, indicando que o capital investido será recuperado somente ao final do 5º ano, o que representa um risco elevado ao investidor. A análise do Ponto de Fisher corrobora a preferência pelo projeto B, pois indica que o valor adicional de R$ 31.000,00 investidos no projeto renderá 12,23% a.a., acima da TMA, que seria o rendimento obtido por este capital no caso de escolha do projeto A. De qualquer forma, cabem duas considerações:

1. O rendimento adicional obtido pelos R$ 31.000,00 investidos no projeto B é muito pequeno, podendo não motivar o investidor a correr este risco, na medida em que estará imobilizando um capital maior ao escolher tal projeto. Um investidor de perfil mais moderado poderia preferir investir no projeto A, já que todos os indicadores apresentaram resultados positivos ou favoráveis, diversificando, assim, o seu capital. Além dessa questão, deve-se levar em conta a previsão para a variação da taxa de juros nos próximos anos. Por exemplo, se o entendimento do mercado for de que haverá elevação da taxa de juros, o investimento B deixa de ser o mais atrativo em termos financeiros, visto que haverá um aumento na TMA, que já está bem próxima do Ponto de Fisher.

2. É importante ressaltar que não há a obrigatoriedade de escolha de algum dos projetos, pois sempre existirão outras oportunidades de investimento, como o próprio mercado financeiro, por exemplo. Dessa forma, como a rentabilidade projetada dos dois investimentos é muito próxima à TMA, um investidor de perfil mais conservador poderia optar por não realizá-los, considerando que não há remuneração condizente com o risco assumido.

6.3 PERGUNTAS E PROBLEMAS PROPOSTOS PARA A FIXAÇÃO DOS CONCEITOS APRESENTADOS

1. Com base nas informações constantes na tabela abaixo e considerando uma taxa mínima de atratividade de 13% ao ano, responda as questões a seguir:

PERÍODO	PROJETO A	PROJETO B	PROJETO C
Investimento inicial	– 16.000,00	– 31.000,00	– 36.000,00
1º ano	7.000,00	10.000,00	16.000,00
2º ano	7.000,00	10.000,00	16.000,00
3º ano	7.000,00	10.000,00	16.000,00
4º ano	7.000,00	10.000,00	16.000,00
5º ano	7.000,00	10.000,00	16.000,00
6º ano	7.000,00	10.000,00	16.000,00

   a) calcular o VPL, VPLA, TIR e ROIA para os três projetos, eliminando o menos rentável;
   b) calcular o Ponto de Fisher envolvendo os dois melhores projetos e redigir um parecer para fundamentar sua decisão.

2. Uma empresa, cuja TMA é de 3,5% ao mês, precisa decidir entre a compra de dois equipamentos com as seguintes características:

INFORMAÇÕES	EQUIPAMENTO A	EQUIPAMENTO B
Investimento inicial	160.000,00	130.000,00
Valor residual	28.000,00	34.000,00
Entrada de caixa mensal	18.500,00	14.500,00
Prazo em meses	12	12

Calcule o VPL, VPLA, TIR e Ponto de Fisher. Após, elabore um relatório para justificar a escolha da melhor proposta.

Respostas dos Exercícios

CAPÍTULO 1:

1. Classificação em ordem decrescente de liquidez: disponível, contas a receber e estoques.

    Justificativa: as contas integrantes do disponível são as mais líquidas por já estarem convertidas em dinheiro. Já os estoques constituem a primeira fase do ciclo produtivo, ou seja, ainda irão se converter em contas a receber e, posteriormente, em disponível. Além disso, a venda dos produtos estocados depende de sua aceitação no mercado, sem considerar que no estoque ainda podem existir produtos em acabamento.

2. R$ 165.000,00.

3. Ciclo operacional = 80 dias.

    Se a empresa conseguisse reduzir seu PMR, reduziria, também, sua necessidade de capital de giro, visto que trabalharia com um ciclo operacional menor, fazendo com que os recursos financeiros ingressassem antes no caixa.

4. CCC = 45 dias

    O caixa gira oito vezes no ano.

5. Ações preferenciais (PN) – ações sem direito a voto, mas com a preferência no pagamento dos dividendos;

    Ações ordinárias (ON) – ações com direito a voto.

CAPÍTULO 2:

1. Liquidez, atividade, endividamento, rentabilidade e valor de mercado.

   Liquidez: mensura a capacidade financeira da empresa em honrar os compromissos assumidos, sejam a curto ou longo prazo.

   Atividade: mensura a eficiência com a qual os processos empresariais são geridos.

   Endividamento: mensura o grau de endividamento empresarial e a capacidade financeira da empresa em arcar com os custos financeiros provenientes deste endividamento.

   Rentabilidade: mensura a lucratividade e a rentabilidade empresariais, em relação ao faturamento e investimento realizado.

   Valor de mercado: utilizado em empresas de capital aberto, verifica a percepção do mercado (investidores), através do preço das ações, com relação à solidez, credibilidade e gestão de cada negócio.

2. CCL = R$ 12.000,00. Significa que a empresa possui recursos de longo prazo financiando investimentos de curto prazo (estoques, contas a receber e disponíveis), o que reduz o seu risco de insolvência. Desses R$ 12.000,00, R$ 9.000,00 provém do Patrimônio Líquido (recursos próprios) e R$ 3.000,00 do Passivo Não Circulante (recursos de terceiros de longo prazo).

3. Rendimento = R$ 17.225,00.

   Rentabilidade sobre o capital próprio investido = 11,48% a.a.

   Se o investimento fosse integralmente custeado com capital próprio, o rendimento líquido seria de R$ 19.600,00, o que representaria uma rentabilidade de 8% a.a. (R$ 19.600,00 / R$ 245.000,00). Portanto, ao trazer capital de fora, a empresa eleva sua rentabilidade, o que caracteriza a existência de alavancagem financeira.

4. MLB = 43,94%. De cada R$ 1,00 faturado, após o pagamento dos custos de produção, restam R$ 0,4394.

   MLO = 39,55%. De cada R$ 1,00 faturado, após o pagamento dos custos de produção e despesas operacionais, restam R$ 0,3955.

   MLL = 28,17%. De cada R$ 1,00 faturado, após o pagamento de todos os custos e despesas, restam R$ 0,2817.

5. A empresa 2 apresenta um giro de estoque bem superior ao da empresa 1, o que evidencia que seus produtos estão tendo uma maior aceitação no mercado, ou seja, a empresa 2 vende mais. Além disso, tem uma melhor administração do seu capital de giro, pois recebe de seus clientes em menos tempo e consegue maior prazo para honrar os seus compromissos junto aos fornecedores, necessitando, assim, de menor investimento em giro. Apesar de possuir resultados superiores, a empresa 2 oferece maior risco aos seus investidores, pois seu índice de endividamento é de 74%, ou seja, 74% de todo o seu patrimônio provêm de terceiros. Entretanto, apesar de possuir um endividamento bastante alto, o ICJ mostra que a empresa vem conseguindo honrar o pagamento do ônus financeiro proveniente dessa dívida, inclusive com mais facilidade do que a concorrência (empresa 1). O ICJ da empresa 2 nos diz que para cada R$ 1,00 de juros devidos, a empresa tem um lucro operacional de R$ 2,85, ou seja, consegue pagar tais obrigações com relativa tranquilidade. Em função do seu maior endividamento (boa parte junto a fornecedores), a rentabilidade sobre o capital próprio investido é consideravelmente maior que a ofertada pela empresa 1, o que mostra que a empresa está alavancada financeiramente. Portanto, apesar de estar mais suscetível às variações de mercado, em função do seu alto índice de endividamento, a empresa 2 está sendo bem administrada (haja vista os índices de giro de estoque, prazos de recebimento e pagamento e cobertura de juros) e remunerando de uma forma muito mais atrativa os seus investidores.

6.

Demonstrações do Resultado – Exercícios findos em 31/12			
DRE	ANO 1	ANO 2	%
Receita bruta de vendas	R$ 4.224.379,00	R$ 4.576.356,00	8,34
Impostos e deduções sobre as vendas	R$ 595.534,00	R$ 612.657,00	2,87
Receita líquida	R$ 3.628.845,00	R$ 3.963.699,00	9,23
Custo das mercadorias vendidas	R$ 3.086.524,00	R$ 3.418.791,00	10,76
Lucro bruto	R$ 542.321,00	R$ 544.908,00	0,48
Despesas operacionais			
Pessoal	R$ 143.121,00	R$ 150.696,00	5,29
Depreciação	R$ 88.517,00	R$ 105.646,00	19,35
Promoções	R$ 28.324,00	R$ 29.880,088	5,49
Gerais	R$ 149.625,00	R$ 154.765,00	3,43
Lucro operacional	R$ 132.734.00	R$ 103.921,00	– 21,71
Receitas financeiras	R$ 21.250,00	R$ 8.762,00	– 58,76
Despesas financeiras	R$ 24.084,00	R$ 37.819,00	57,01
LAIR	R$ 129.900,00	R$ 74.864,00	– 42,37
IR	R$ 37.306,00	R$ 13.051,00	– 65,02
Lucro líquido	R$ 92.594,00	R$ 61.813,00	– 33,24

Chama a atenção o fato de os custos e despesas financeiras terem tido um aumento superior à receita, o que gerou uma redução do lucro líquido. A variação das contas de receita e despesa financeira foi extremamente significativa, acentuando o saldo negativo e evidenciando que a empresa deve ter se endividado nesse período.

7.

Índices	Ano X1	Ano X2	Ano X3
Liquidez Corrente	2,00	2,50	1,40
Liquidez Seca	1,00	1,50	0,80
Liquidez Imediata	0,50	0,50	0,018
Liquidez Geral	1,00	1,33	0,80
Endividamento Geral	77%	50%	71%
Endividamento a Longo Prazo	66%	33%	36%
Endividamento a Curto Prazo	11%	17%	36%

A liquidez empresarial, ou seja, sua capacidade de efetuar os pagamentos, embora com oscilações favoráveis no segundo ano, está apresentando tendência de queda ao longo de todo o período analisado, tanto em curto como em longo prazo. No ano X1, por exemplo, a cada R$ 1,00 devido, a empresa possuía R$ 1,00 para pagar. Entretanto, no ano X3, para cada R$ 1,00 devido, a empresa dispõe apenas de R$ 0,80 (liquidez geral e seca – sem estoques). Chama atenção a redução na liquidez imediata, que considera apenas as disponibilidades. No ano X3, as contas Caixa e Bancos (Aplicações Financeiras) honram apenas 1,8% das dívidas de curto prazo.

As principais razões para a redução dos índices de liquidez corrente, seca e imediata foram a imobilização dos recursos disponíveis em aplicações financeiras e o aumento do endividamento em curto prazo, que saiu de 11% no ano X1 para 36% no ano X3. Por outro lado, o endividamento em longo prazo teve uma redução considerável, o que indica uma elevação do risco empresarial, visto que o perfil de endividamento se altera do longo para o curto prazo, com o aumento da conta fornecedores e redução dos empréstimos bancários. Cabe ressaltar que o fato de trazer o fornecedor para financiar o investimento operacional, reduzindo as despesas financeiras (juros bancários), é uma política saudável em termos de gestão do capital de giro. Entretanto, ao mesmo tempo em que há uma elevação do PMP, também há uma elevação considerável do PMR, impedindo a redução da necessidade de capital de giro.

8.

Índices	X1	X2	X3
Liquidez corrente	2,06	2,55	1,55
Liquidez seca	1,77	2,19	1,27
Giro de estoque	36,12	28,98	18,35
PMR	40,42	36,36	33,52
PMP	15,90	11,48	44,50
Giro do ativo	5,04	4,77	3,16
Endividamento geral	39%	35%	49%
Cobertura de juros	– 5,87	2,82	9,00
Margem de lucro líquido	– 1,4%	2,19%	4,22%
Retorno do ativo	– 7,19%	10,45%	13,39%
Retorno sobre o capital próprio	– 11,77%	16%	26,26%

Embora a empresa tenha condições de honrar o pagamento de suas obrigações de curto prazo, mesmo desconsiderando o valor inventariado em estoques, essa "folga financeira" apresenta redução ao longo dos três anos retratados, apesar da variação favorável em X2. Essa redução poderia estar relacionada ao menor giro de estoque, já que em X1 a empresa renovava o seu estoque em torno de 36 vezes, caindo para a metade em X3, entretanto, percebe-se que a receita da empresa vem aumentando ao longo do período, da mesma forma que as suas margens de lucro, o que nos permite deduzir que a empresa deve ter reestruturado seus preços de venda, trabalhando com produtos de maior valor agregado.

A principal razão para a redução da liquidez está relacionada à reestruturação dos prazos de pagamento e recebimento, já que a empresa sai de um ciclo de conversão de caixa positivo em X1 para um ciclo de conversão de caixa negativo em X3, aumentando seu índice de endividamento em curto prazo. Entretanto, essa situação é saudável para a gestão do capital de giro, pois os fornecedores passam a financiar o investimento em giro, reduzindo, assim, a necessidade do investimento baseado em capital próprio.

O endividamento da empresa, portanto, está concentrado, essencialmente, com fornecedores. Entretanto, em função do custo baixo da dívida, esse fato não tem representado problemas para a gestão empresarial, já que a capacidade de pagamento dos juros só tem aumentado. Os principais índices que apontam a eficiência desse modelo de gestão dizem respeito à lucratividade e rentabilidade, pois a empresa sai de uma rentabilidade negativa em X1 para um resultado positivo em X2 e X3. O aumento da rentabilidade sobre o capital próprio também está relacionado ao índice de endividamento, indicando que a empresa encontra-se alavancada financeiramente.

CAPÍTULO 3:

1.

	FLUXO DE CAIXA ANTES DO IR	DEPRECIAÇÃO	RENDA TRIBUTÁVEL	IR	FLUXO DE CAIXA APÓS O IR
0	R$ 57.000,00				
1	R$ 21.100,00	R$ 14.250,00	R$ 6.850,00	R$ 1.712,50	R$ 19.387,50
2	R$ 21.100,00	R$ 14.250,00	R$ 6.850,00	R$ 1.712,50	R$ 19.387,50
3	R$ 21.100,00	R$ 14.250,00	R$ 6.850,00	R$ 1.712,50	R$ 19.387,50
4	R$ 21.100,00	R$ 14.250,00	R$ 6.850,00	R$ 1.712,50	R$ 19.387,50

2. Apesar de tratar-se de uma despesa contábil, ou seja, não envolver o efetivo desembolso de recursos financeiros, a depreciação influencia, e de forma positiva, o fluxo de caixa empresarial. Ao ser lançada no DRE, a depreciação reduz o lucro tributável, gerando uma economia tributária para as empresas tributadas com base no lucro real.

3. I – Aumento de ativo permanente: investimento.

   II – Redução de contas a pagar: operacional, financiamento ou investimento.

   III – Pagamento de dividendos: financiamento.

   IV – Compra de ações de outras empresas: investimento.

   V – Pagamento de salários: operacional.

CAPÍTULO 4:

1.

Período	Setembro	Outubro	Novembro	Dezembro	Janeiro	Fevereiro
Recebimentos	216.000,00	201.000,00	161.000,00	156.000,00	167.000,00	204.000,00
Pagamentos	207.000,00	194.000,00	167.000,00	163.000,00	163.000,00	264.000,00
Saldo de caixa	9.000,00	7.000,00	(6.000,00)	(7.000,00)	4.000,00	(60.000,00)
Saldo inicial de caixa	22.000,00	31.000,00	38.000,00	32.000,00	25.000,00	29.000,00
Saldo final de caixa	31.000,00	38.000,00	32.000,00	25.000,00	29.000,00	(31.000,00)
Saldo mínimo de caixa	18.000,00	18.000,00	18.000,00	18.000,00	18.000,00	18.000,00
Financiamento						
Saldo excedente	13.000,00	20.000,00	14.000,00	7.000,00	11.000,00	(49.000,00)

2.

	Mês 01	Mês 02	Mês 03	Mês 04	Fluxo de caixa
Investimento	(8.500,00)	(8.500,00)	(8.500,00)	(8.500,00)	Investimento
Vendas a vista	16.000,00	16.000,00	19.000,00	19.000,00	Operacional
Vendas com 30 dias	16.000,00	16.000,00	16.000,00	19.000,00	Operacional
Estoques	(20.000,00)	(20.000,00)	(20.000,00)	(20.000,00)	Operacional
Despesas	(1.780,00)	(1.780,00)	(1.780,00)	(1.780,00)	Operacional
Empréstimo			(2.950,00)		Financeiro
Impostos		(9.200,00)			Operacional
Saldo de caixa	1.720,00	(7.480,00)	1.770,00	7.720,00	
Saldo inicial de caixa	47.000,00	48.720,00	41.240,00	43.010,00	
Saldo final de caixa	48.720,00	41.240,00	43.010,00	50.730,00	
Saldo mínimo de caixa	8.500,00	8.500,00	8.500,00	8.500,00	
Financiamento					
Saldo excedente	40.220,00	32.740,00	34.510,00	42.230,00	

3. O orçamento de caixa é o fluxo de caixa projetado e trata-se de uma das ferramentas mais importantes para o gestor financeiro, pois lhe permite acompanhar a movimentação de caixa e projetar eventuais necessidades de financiamento ou sobras de recursos.

Dessa forma, é possível se antecipar a determinadas situações e buscar melhores condições de negociação junto a fornecedores, clientes e parceiros financeiros, visando reduzir o custo da dívida e ampliar a rentabilidade sobre os investimentos.

CAPÍTULO 5:

1. F; V; F; F; V.
2. VPL = – 47.739,61. Não vale a pena efetuar o investimento, pois, de acordo com a projeção de caixa apontada, a remuneração do projeto não superará nem sequer a taxa mínima de atratividade.
3. a)

CAPÍTULO 6:

1.
a) Elimina-se o projeto B.

Indicadores	Projeto A	Projeto B	Projeto C
VPL	R$ 11.982,84	R$ 8.975,50	R$ 27.960,79
VPLA	R$ 2.997,54	R$ 2.245,25	R$ 6.994,48
TIR	37,19% a.a.	22,89% a.a.	38,01% a.a.
ROIA	9,76% a.a0	4,33% a.a.	10,05% a.a.

b) Ponto de Fisher entre os projetos A e C: 38,67% a.a.

Entre os três projetos, o preferível é o C, pois apresenta uma maior previsão de saldo adicional de caixa, bem como uma maior rentabilidade projetada. A distância entre a TMA e o Ponto de Fisher nos permite tomar essa decisão com maior segurança, pois enquanto a TMA for inferior aos 38,67% a.a., significa dizer que os recursos adicionais investidos no projeto C estão sendo melhor remunerados e agregando valor à empresa, compensando o risco da concentração do investimento.

2.

Indicadores	Projeto A	Projeto B
VPL	R$ 37.301,61	R$ 32.618,98
VPLA	R$ 3.860,12	R$ 3.375,54
TIR	6,93% ao mês	7,03% ao mês

Como VPL e VPLA apontaram para o projeto A e a TIR para o projeto B, convém igualar os fluxos de caixa gerando o fluxo incremental com base na TMA, alterando, assim, o resultado da TIR referente ao projeto B:

Recálculo da TIR para o projeto B: 6,46% a.m.

Ponto de Fisher: 6,37% a.m.

Dessa forma, opta-se pelo projeto A, pois apresenta um saldo adicional de caixa e uma rentabilidade projetada superiores. O cálculo do Ponto de Fisher só ratifica a decisão tomada, já que os R$ 30.000,00 adicionais investidos no projeto serão remunerados a 6,37% a.m., quase o dobro da TMA.

Referências

CAMARGO, Camila. *Planejamento financeiro*. 2. ed. Curitiba: IBPEX, 2009.

CASAROTTO FILHO, Nelson; KOPITTKE, Bruno Hartmut. *Análise de investimentos*. 11. ed. São Paulo: Atlas, 2010.

CASTANHEIRA, Nelson Pereira. *Noções básicas de matemática comercial e financeira*. 2. ed. Curitiba: IBPEX, 2008.

GITMAN, Lawrence J. *Princípios de administração financeira*. 12. ed. São Paulo: Pearson, 2010.

GROPPELLI, A. A.; NIKBAKHT, E. *Administração financeira*. 2. ed. São Paulo: Saraiva, 2005.

SILVA, José Pereira. *Análise financeira das empresas*. 9. ed. São Paulo: Atlas, 2008.

SOUZA, Alceu; CLEMENTE, Ademir. *Decisões financeiras e análise de investimentos*: fundamentos, técnicas e aplicações. 6. ed. São Paulo: Atlas, 2009.

Formato	14 x 21 cm
Tipografia	Charter 10/13
Papel	Offset Sun Paper 90 g/m² (miolo)
	Supremo 250 g/m² (capa)
Número de páginas	136
Impressão	Prol